Licenciement
Tous vos droits

Jacques Coudert
Conseiller prud'homme

2e édition

2012

prat éditions

Tous les codes et guides sont disponibles sur :
www.prat.fr

Direction éditoriale : Anne-Laure Marie
Édition : Dominique Poussielgue
Coordination éditoriale : Maud Taïeb
Relecture-correction : Julie Robert
Création graphique : Julien Josset
Composition : Éric Marouzé

Division de Reed Business Information, SAS au capital de 4 099 168 euros
Forum 52, 52 rue Camille-Desmoulins, 92448 Issy-les-Moulineaux Cedex

Président : Antoine Duarte - Directeur de publication : Antoine Duarte
Actionnaire principal : Reed Elsevier France

ISBN 978-2-8095-0283-1
ISSN 1272-4955

Être confronté à une situation de licenciement est une épreuve difficile, quels qu'en soient les motifs.

Que la rupture de votre contrat de travail soit subie (licenciement) ou négociée (rupture conventionnelle ou transaction), **vous vous retrouvez seul et démuni pour défendre vos intérêts, face à des interlocuteurs souvent rompus à l'exercice**.

Pour vous aider à faire valoir au mieux vos droits, ce guide aborde pour vous, dans un langage clair et accessible, toutes les facettes de la procédure de licenciement :

- pour quels motifs peut-on vous licencier ?
- quelles sont les conditions de la rupture conventionnelle du contrat de travail ?
- à quelles indemnités pouvez-vous prétendre ?
- à quelles sanctions s'expose votre employeur s'il vous licencie irrégulièrement ?
- comment pouvez-vous contester votre licenciement ?

Pour vous accompagner dans toutes vos démarches et vous permettre de surmonter au mieux cette épreuve, nous avons également rassemblé pour vous les textes de loi incontournables et **des modèles de lettres et de documents prêts à l'emploi**.

Cet ouvrage vous livre ainsi toutes les solutions concrètes pour faire valoir vos droits. Vous pourrez alors prendre les bonnes décisions pour vous défendre et rebondir dans les meilleures conditions.

Anne-Laure Marie
Directrice éditoriale

LISTE DES ABRÉVIATIONS

ADR : aide différentielle de reclassement
ARE : allocation d'aide au retour à l'emploi
ASR : allocation spécifique de reclassement
ASS : allocation de solidarité spécifique
ATA : allocation temporaire d'attente
CDD : contrat à durée déterminée
CDI : contrat à durée indéterminée
CHSCT : comité d'hygiène, de sécurité et des conditions de travail
CRDS : contribution au remboursement de la dette sociale
CRP : convention de reclassement personnalisé
CSG : contribution sociale généralisée
DIRECCTE : direction régionale des entreprises, de la concurrence, de la consommation, du travail et de l'emploi
POE : préparation opérationnelle à l'emploi
PPAE : projet personnalisé d'accès à l'emploi
RSA : revenu de solidarité active
SJR : salaire journalier de référence

Table des matières

Connaître vos droits pour savoir vous défendre

Faites le point sur votre situation contractuelle

➤ **Le licenciement consiste en la rupture du contrat de travail par l'employeur.**

➤ **Il doit respecter un certain nombre de règles prévues pour protéger le salarié.**

➤ **D'autres modes de rupture du contrat de travail existent également. Ces ruptures peuvent :**
– être prévues dans le contrat (arrivée du terme prévu, fin de mission) ;
– être à votre initiative (démission) ;
– dépendre d'une cause extérieure (force majeure).

Les types de contrats de travail les plus fréquents

Il existe de nombreux types de contrats de travail : les contrats à durée déterminée, les contrats de mise à disposition temporaire et les contrats à durée indéterminée sont les plus fréquents et les plus connus.

La durée du contrat : un principe déterminant

Quelles conséquences pratiques pour la durée de votre contrat, et donc pour votre sécurité d'emploi… et de rémunération ?

Le type de contrat qui vous lie à votre employeur va commander sa durée :

- s'il s'agit d'un contrat à durée déterminée ou d'un contrat de travail temporaire, sa cessation est prévue en termes de durée (six mois, par exemple) ou de survenance d'un événement (retour du salarié remplacé) ;
- s'il s'agit d'un contrat à durée indéterminée, aucun terme, par définition, n'est prévu ; la rupture sera un acte unilatéral du salarié (démission) ou de l'employeur (licenciement), ou, enfin, un accord entre les deux parties (rupture conventionnelle).

Le type de contrat n'implique pas, en principe de différence de rémunération, sauf une majoration du salaire pour les CDD et les contrats de mission, pour tenir compte de la précarité liée à ces contrats.

À NOTER

Un principe juridique de base *« Les conventions légalement formées tiennent lieu de loi à ceux qui les ont faites.*

Elles ne peuvent être révoquées que de leur consentement mutuel ou pour les causes que la loi autorise.

Elles doivent être exécutées de bonne foi » (art. 1134 du Code civil).

Le principe de bonne foi est un principe de base de notre vie sociale et donc, *a fortiori*, des règles juridiques : il signifie que chaque contractant (en l'occurrence, le salarié et l'employeur) doit exécuter ses obligations de bonne foi, c'est-à-dire honnêtement. Pour le salarié, il s'agit de respecter ses obligations en matière de travail fourni, d'horaires, de confidentialité, etc. ; pour l'employeur, principalement de fournir du travail, de verser les salaires convenus ; pour les deux parties, de respecter les termes du contrat de travail.

Une durée indéterminée, un principe par défaut

Dans le domaine du droit du travail, le contrat de droit commun (celui qui va s'appliquer à défaut de précision contraire) est le contrat à durée indéterminée (le CDI). L'article L. 1221-2 du Code du travail nous le rappelle :
« Le contrat de travail à durée indéterminée est la forme normale et générale de la relation de travail.
Toutefois, le contrat de travail peut comporter un terme fixé avec précision dès sa conclusion ou résultant de la réalisation de l'objet pour lequel il est conclu dans les cas et dans les conditions mentionnées au titre IV relatif au contrat de travail à durée déterminée. »
Contrat de droit commun, le contrat de travail à durée indéterminée s'applique, à défaut d'une mention contraire. Cela entraîne comme conséquence que les contrats dérogatoires (sortant du droit commun) doivent faire automatiquement l'objet d'un écrit, afin d'apporter la preuve de la volonté des parties.
Les deux principales exceptions à la durée indéterminée du contrat sont :
- le contrat à durée déterminée (le CDD) ;
- le contrat de travail temporaire, plus généralement connu sous le vocable de travail intérimaire.
Ces deux types de contrat supposent le respect de conditions particulières, notamment, ils doivent être écrits. Un prétendu CDD qui ne ferait pas l'objet d'un texte écrit sera réputé conclu pour une durée indéterminée.

À NOTER

Davantage de CDD en période de crise *Le CDD et le contrat de travail temporaire sont de plus en plus fréquents dans la période de crise de l'emploi que nous traversons. Ils servent parfois de périodes d'essai allongées et permettent une plus grande « flexibilité de l'emploi », donc plus de souplesse pour l'employeur qui ne s'engage qu'à terme... Et plus de précarité pour le salarié...*

Si vous avez signé un contrat à durée déterminée

Le contrat à durée déterminée vous engage, comme son nom l'indique, pour une période limitée dans le temps, avec fixation d'une période précise (en mois ou en jours) ou d'un terme lié à la survenance d'un événement.

Les conditions d'un CDD

Votre contrat, obligatoirement écrit, doit répondre aux conditions suivantes :

› Le motif du CDD

« Il ne peut être conclu que pour l'exécution d'une tâche précise et temporaire, et seulement dans les cas suivants :
1°) remplacement d'un salarié ;
2°) accroissement temporaire d'activité de l'entreprise ;
3°) emplois à caractère saisonnier… »

À NOTER

En cas de retour du salarié que vous remplacez *Dans le cas d'un remplacement de salarié, une durée minimale de contrat doit être prévue. Durant ce laps de temps minimum (par exemple, 1 mois), le retour du salarié remplacé ne mettra pas fin au contrat de travail : votre employeur sera contraint de vous assurer du travail et surtout de vous verser la rémunération prévue.*

› Le terme du CDD

« Le contrat de travail à durée déterminée comporte un terme fixé avec précision dès sa conclusion. Toutefois, le contrat peut ne pas comporter de terme précis lorsqu'il est conclu dans l'un des cas suivants… » (art. 1242-7 du Code du travail).
Sont ici visés, notamment, les cas de remplacement de personnels absents, les emplois saisonniers ou l'attente de l'arrivée d'un salarié recruté en CDI.

› La durée du CDD

Il s'agit de la durée pendant laquelle salarié et employeur sont tenus contractuellement de droits et obligations réciproques : la durée totale d'un contrat à durée déterminée ne peut, éventuel renouvellement compris, excéder 18 mois. Cette durée est ramenée à 9 mois si le contrat a été conclu au motif de l'attente de l'arrivée d'un salarié à temps complet et portée à 24 mois dans le cas, entre

autres, de l'exécution du contrat à l'étranger, ou du remplacement d'un salarié dont le poste est, à terme, supprimé.
Si l'une ou plusieurs de ces conditions ne sont pas remplies, vous pouvez demander au juge compétent (le Conseil de prud'hommes) la requalification de votre CDD en CDI.

Titulaire d'un CDD, pouvez-vous être licencié ?

Le licenciement est la rupture unilatérale du contrat de travail par l'employeur.

› Oui, pendant la période d'essai

Cette période d'essai, limitée dans le temps, est, comme son nom l'indique, une période d'observation réciproque pendant laquelle salarié et employeur constatent s'ils se sont bien compris sur leurs droits et obligations respectives et si le contrat peut perdurer jusqu'à son terme.
« Le contrat de travail à durée déterminée peut comporter une période d'essai… » (art. L. 1242-10 du Code du travail).
Ce n'est pas non plus une obligation. La période d'essai peut ne pas être prévue, notamment si salarié et employeur ont déjà eu l'occasion de travailler ensemble et de s'apprécier mutuellement.
Une période d'essai peut, donc, être prévue dans le contrat. Elle ne peut être supérieure à une durée calculée à raison d'un jour par semaine avec un maximum de 2 semaines si la durée initiale du contrat est égale ou inférieure à 6 mois. Au-delà, elle ne peut excéder 1 mois. Si le contrat ne comporte pas de terme précis (remplacement d'un salarié, par exemple), la période d'essai est calculée par rapport à la durée minimale, prévue contractuellement.
Voir aussi *Le licenciement pendant la période d'essai*, p. 16.

Cas pratique

Exemple de calcul de la durée maximale de la période d'essai
Vous avez été recruté en CDD pour remplacer une salariée en congé de maternité, pour une durée minimale de 3 mois, soit 12 semaines.
La période d'essai ne peut dépasser 1 jour x 12 semaines, soit 12 jours.

› Non, en dehors de la période d'essai

Sauf en cas de faute grave ou lourde ou de force majeure (voir *Quelles sont les causes qui mettent fin au contrat à durée indéterminée ?*, p. 12).

ATTENTION ⚠

La force majeure *La force majeure est un événement exceptionnel, imprévisible et insurmontable, qui rend impossible l'exécution du contrat de travail. Les difficultés économiques, y compris une mise en règlement judiciaire, ne sont pas retenues comme force majeure. Il appartiendra au conseil des prud'hommes saisi par les soins du salarié de juger de l'existence et de la réalité de la force majeure. S'il juge que celle-ci n'est pas avérée, la rupture sera considérée comme un licenciement sans cause réelle et sérieuse.*

Titulaire d'un CDD, pouvez-vous démissionner ?

› Oui, pendant la période d'essai

Vous pouvez démissionner pendant la période d'essai, et, en dehors de celle-ci, dans un cas et un seul : si vous pouvez justifier de la signature d'un contrat à durée indéterminée. Vous devrez alors respecter un préavis de 1 jour par semaine sur la durée totale du contrat (si celui-ci comporte un terme précis), ou de la durée réellement effectuée, avec un maximum de 15 jours dans les deux cas.

› Non, dans les autres cas

Sauf accord de votre employeur.

En dehors de ces hypothèses, vous pouvez être condamné au paiement de dommages-intérêts, au profit de votre employeur, correspondant au préjudice subi.

Quels sont vos droits pendant l'exécution du CDD ?

Comme tout autre salarié, vous bénéficiez de droits reconnus par l'article L. 1242-14 du Code du travail :

« Les dispositions légales et conventionnelles ainsi que celles résultant des usages applicables aux salariés titulaires d'un contrat de travail à durée indéterminée s'appliquent également aux salariés titulaires d'un contrat à durée déterminée, à l'exclusion de celles concernant la rupture du contrat de travail. »

Vous avez droit aux mêmes conditions de rémunération que si vous étiez en CDI : à travail égal, salaire égal.

Vous bénéficierez également, à la fin de votre contrat, d'une indemnité compensatrice de congés payés, égale au minimum à 10 % de la totalité des rémunérations perçues, si vous n'avez pu bénéficier de jours de congé pendant votre emploi.

Quels sont vos droits à la fin du contrat ?

Si votre CDD n'est pas transformé en CDI, vous percevrez une indemnité dite de précarité égale à 10 % du salaire brut perçu pendant l'exécution de celui-ci.

Si vous avez signé un contrat de travail temporaire ou un contrat de mission

Plus souvent désigné sous le vocable d'intérim, le contrat de mission, ou contrat de travail temporaire, relève en fait d'un double contrat :
– entre la société utilisatrice et la société de travail temporaire, votre employeur en droit ;
– entre vous-même et la société de travail temporaire.

Quelles sont les conditions du contrat de mission ?

Le Code du travail définit très précisément la double face de ce type d'activité :
- le contrat entre la société utilisatrice et la société d'intérim ;
- le contrat entre celle-ci et le travailleur « intérimaire ».

« Le recours au travail temporaire a pour objet la mise à disposition temporaire d'un salarié par une entreprise de travail temporaire au bénéfice d'un client utilisateur pour l'exécution d'une mission.
Chaque mission donne lieu à la conclusion :
1°) d'un contrat de mise à disposition entre l'entreprise de travail temporaire et le client utilisateur dit "entreprise utilisatrice" ;
2°) d'un contrat de travail dit "contrat de mission" entre le salarié temporaire et l'entreprise de travail temporaire » (art. L. 1251-1 du Code du travail).
Le contrat de mission répond aux mêmes conditions que le CDD en ce qui concerne les motifs qui le justifient :
- remplacement d'un salarié absent ;
- surcroît temporaire d'activité ;
- emploi à caractère saisonnier.

Le contrat de mission ressemble beaucoup au CDD

Il doit mentionner un terme précis, sauf il est motivé par un remplacement ou par un travail saisonnier. Dans ce cas, il doit comporter une durée minimale.
Le contrat de mission ne peut excéder la durée de 18 mois (9 mois, s'il est motivé par l'attente de l'arrivée d'un CDI, 24 mois si la mission est exécutée à l'étranger).

Le contrat de mission peut comporter une période d'essai dont la durée est prévue par convention ou accord professionnel. À défaut, cette durée ne peut dépasser 2 jours si la durée de la mission est inférieure à un mois, 3 jours si la durée du contrat se situe entre un et deux mois. Elle ne peut en aucun cas dépasser 5 jours. Les conditions de rémunération et d'indemnisation des congés sont identiques (comme pour les CDD) à celles du personnel en CDI. L'indemnité de fin de contrat, due si le contrat de mission ne se conclut pas par un CDI avec l'entreprise utilisatrice, est également de 10 % du salaire brut total du salarié.

Pouvez-vous être licencié pendant un contrat de mission ?

Non, pas davantage qu'en CDD, sauf durant la période d'essai, en cas de faute grave ou lourde et en cas de force majeure.

> À NOTER
>
> **La rupture du contrat de mise à disposition a-t-elle une influence sur le contrat de mission ?** *La rupture du contrat de mise à disposition (contrat qui lie l'entreprise utilisatrice et l'entreprise de travail temporaire) ne constitue pas un cas de force majeure et, par conséquent, ne saurait être un motif de rupture, par l'employeur, du contrat de mission. Il appartient à ce dernier de trouver une autre mission.*

Si votre employeur (l'entreprise de travail temporaire) met fin au contrat avant l'expiration du terme fixé, il doit vous proposer une nouvelle mission dans un délai de 3 jours, faute de quoi vous bénéficierez d'une indemnisation représentant les sommes que vous auriez dû percevoir jusqu'à ce terme (salaire + indemnité de congés payés + indemnité de précarité).

> À NOTER
>
> *À la fin du troisième trimestre 2010, 572 000 salariés sont intérimaires, soit 22 400 de plus qu'au trimestre précédent (+ 4,1 %).*
> *La croissance régulière de l'effectif intérimaire entamée au deuxième trimestre 2009 se poursuit à un rythme légèrement atténué ce troisième trimestre. Ces quatre derniers trimestres, 103 000 postes d'intérimaires ont été créés (soit + 22,0 %).*
> *L'emploi intérimaire continue à se redresser au troisième trimestre dans l'industrie (+ 4,8 %, soit + 115 000 postes), dans la construction (+ 4,2 %, soit + 4 800 postes) et dans le tertiaire (+ 3,2 %, soit + 6 200 postes). L'emploi salarié hors intérim des secteurs concurrentiels progresse de 0,1 % ; une fois intégré l'intérim, il s'accroît de 0,2 %.*
> *Au cours du troisième trimestre 2010, le volume de travail temporaire en équivalents-emplois à temps plein a augmenté de 0,6 %. Le nombre de contrats conclus s'est accru de 1,3 %. La durée moyenne des missions s'est maintenue.*
> *Source : Dares Indicateurs, n° 87, décembre 2010*

Si vous avez signé un contrat à durée indéterminée

C est en matière de droit du travail le contrat de base.
C'est le seul contrat de travail qui peut ne pas faire l'objet d'un écrit. Cela étant, il est fortement conseillé de procéder à un contrat écrit dûment signé par les deux parties. En cas de contestation ultérieure, ce sera le premier élément de preuve sur lequel se baseront les conseillers prud'hommes.
Pour encadrer les effets d'une situation économique inégalitaire entre employeur et salarié, les législateurs se sont efforcés de préciser un certain nombre de règles afin d'atténuer les conséquences de l'inégalité entre contractants.

MON CONSEIL

Lors de votre entrée dans l'entreprise, n'oubliez pas de demander que l'on vous communique la convention collective applicable.

La durée du contrat à durée indéterminée

Aucun terme ne figure dans le contrat, ni une date de fin, ni un délai quelconque.
Est-ce à dire que vous êtes « condamné » à vivre avec votre employeur jusqu'à la fin des temps ? Évidemment, non.

Quelles sont les causes qui mettent fin au contrat à durée indéterminée ?

Différents motifs peuvent mettre fin à votre contrat à durée indéterminée : ils sont soit de votre fait, soit de celui de l'employeur. Ils peuvent être dus à un événement extérieur.

› La démission

Vous pouvez prendre l'initiative de la rupture : vous démissionnez.
Votre démission doit se faire dans le respect d'un minimum de règles, notamment le respect d'un préavis (période de temps entre la notification de votre départ et votre départ effectif). Le non-respect de ce préavis pourrait conduire à votre condamnation au paiement de dommages-intérêts au profit de votre employeur.

› La démission forcée

Vous pouvez estimer que votre démission a été forcée : vous aurez alors la possibilité, à condition d'en apporter les preuves, de demander au juge la requalification de votre démission en licenciement sans cause réelle et sérieuse.

› La retraite

Vous pouvez, vous et votre employeur, mettre fin au contrat, si vous avez atteint l'âge de la retraite.

› La rupture du contrat

Vous pouvez, en accord avec votre employeur, décider de la rupture de votre contrat. C'est alors une rupture contractuelle qui doit obéir à certaines règles de procédure afin de protéger vos intérêts.

À NOTER

Les entreprises « ont désormais recours à des moyens moins radicaux que les plans sociaux qui coûtent par ailleurs cher et créent de fortes tensions sociales (...) Les ruptures conventionnelles de contrat sont (...) en plein essor : plus de 500 000 demandes ont été enregistrées depuis la création de la procédure en 2008 et 430 000 ont été validées par le ministère du travail. »

L'Expansion, *janvier 2011*

› Le licenciement

Enfin, votre employeur peut prendre unilatéralement l'initiative de la rupture et procéder à votre licenciement.
Afin de protéger le salarié, la procédure de licenciement est encadrée de manière précise, et selon les différents motifs possibles (cause réelle et sérieuse, inaptitude à l'emploi, motif économique, faute grave, faute lourde).

À NOTER

Les salariés protégés *Certaines catégories de salariés bénéficient de règles particulières de protection : les salariés protégés. Sont protégés les représentants du personnel, les titulaires de mandats syndicaux, les femmes enceintes ou pendant un certain délai après leur retour de congé maternité, ainsi que les conseillers prud'hommes...*

ATTENTION ⚠

La transaction *Même après que votre licenciement a été prononcé, vous pouvez toujours trouver un terrain d'entente avec votre ex-employeur qui vous évite à tous deux les délais et les risques d'un procès : c'est la transaction, possible à tout moment de la procédure, et qui est l'objectif essentiel de l'audience de conciliation (voir* La transaction, *p. 93).*

Voici tous les points que nous allons approfondir ensemble au fil de la première partie de ce guide, la seconde partie étant consacrée à l'après-licenciement.

En quoi consiste une procédure de licenciement ?

➤ Il s'agit ici de la rupture de votre contrat de travail du fait de votre employeur. Ce mode de rupture obéit à un certain nombre de règles destinées à rétablir un minimum d'égalité dans le lien contractuel, fût-ce dans sa rupture, et ayant pour but d'assurer votre protection contre tout licenciement abusif.

➤ Les règles entourant la procédure de rupture des CDI sont également applicables pour les CDD et les contrats de mission, en cas de faute grave ou lourde.

➤ Mais elles ne sont pas applicables pendant la période d'essai.

Le licenciement pendant la période d'essai

Rappelons que la rupture du contrat n'est soumise à aucune des conditions définies ci-dessous, si elle prend place pendant la période d'essai. Dans ce cas, la rupture n'a pas besoin d'être justifiée. Seul est prévu un « délai de prévenance ».

Un délai de prévenance

Si le salarié rompant la période d'essai doit respecter un délai de prévenance limité à 24 heures (moins de 8 jours de travail) ou 48 heures au-delà, le délai de prévenance pour l'employeur est de :
- 24 heures en deçà de 8 jours de présence ;
- 48 heures pour un temps de présence compris entre 8 jours et un mois ;
- 2 semaines après un mois de présence ;
- 1 mois après trois mois de présence.

Les durées maximales des périodes d'essai

Le Code du travail (art. L. 1221-19) prévoit les durées maximales des périodes d'essai, à savoir :
- 2 mois pour les ouvriers et employés ;
- 3 mois pour les agents de maîtrise et les techniciens ;
- 4 mois pour les cadres.

Si un accord de branche le prévoit, ces dernières peuvent être doublées (4 mois pour les employés et ouvriers, 6 mois pour les agents de maîtrise, 8 mois pour les cadres).

À NOTER

La mention de la durée de la période d'essai *La durée de la période d'essai doit être expressément prévue dans le contrat de travail ou la lettre d'engagement : elle ne se présume pas. Le contrat peut également prévoir le renouvellement de la période d'essai, si cette possibilité a été prévue par un accord de branche.*

DE L'ENTRETIEN PRÉALABLE AU CONSEIL DE PRUD'HOMMES

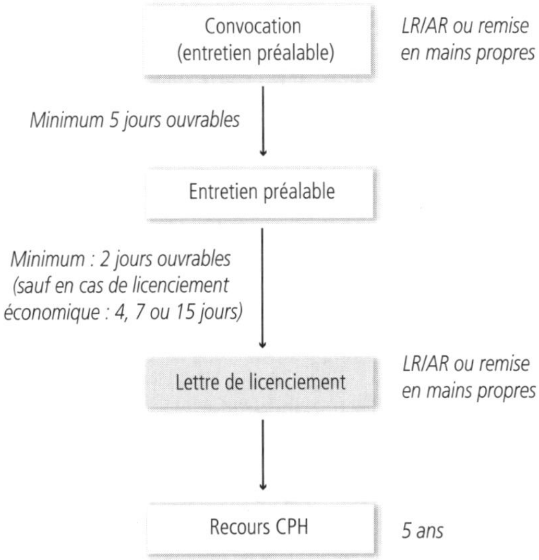

Une autorisation administrative est parfois nécessaire pour rompre le contrat de travail

Dans le domaine du droit social, et en particulier en ce qui concerne les rapports contractuels employeur-salarié, le législateur a, selon les époques, souhaité protéger plus ou moins le salarié, face à l'inégalité économique du contrat qui le lie à son employeur.

La rupture conventionnelle du contrat de travail

Depuis 2008 (loi du 25 juin 2008), la rupture conventionnelle du contrat de travail est légalisée (voir aussi p. 90). Certes, elle doit respecter un certain nombre de conditions, et en particulier l'homologation de la convention par la direction de travail et de l'emploi.

À NOTER

Le Conseil de prud'hommes *La rupture conventionnelle du contrat de travail est une des rares occasions où une décision administrative est soumise au contrôle d'une juridiction de l'ordre judiciaire, le Conseil de prud'hommes.*

Dans quels cas une autorisation administrative préalable à la rupture est-elle nécessaire ?

Contrairement au principe général de la liberté des conventions, une autorisation administrative est parfois exigée.
C'est en particulier le cas :
- dans l'hypothèse d'une rupture conventionnelle (il s'agit en droit d'une « homologation », voir p. 90) ;
- en cas de licenciement de « personnes protégées » (voir p. 59) ;
- en ce qui concerne les licenciements pour cause d'inadaptation (voir p. 53) ;
- en cas le licenciement économique (l'obligation d'une autorisation préalable a été en vigueur de 1975 à 1986, date à laquelle le gouvernement présidé par Jacques Chirac l'a supprimée).

L'entretien préalable

La validité du licenciement est tout d'abord soumise au respect de conditions de forme. Afin de protéger le salarié, la loi prévoit une procédure précise (entretien préalable, lettre de licenciement) dont le non-respect peut, sous le contrôle du juge, conduire à la remise en cause de la mesure du licenciement et à une indemnisation particulière.

MON CONSEIL

Soyez vigilant *Soyez vigilant sur l'observation des règles de procédure par votre employeur, cela pourra constituer un des premiers moyens à faire valoir auprès du Conseil de prud'hommes en cas de contestation ultérieure. Avant toute décision de licenciement individuel, pour motif personnel ou économique, l'employeur doit vous convoquer à un entretien préalable.*

La lettre de convocation à l'entretien préalable

Il s'agit là du point de départ de toute la procédure. Dès ce moment, vous devez être particulièrement vigilant. Un premier contact avec un conseil extérieur (représentant syndical ou avocat) est souhaitable.

› La convocation

Les règles qui précisent cette première phase vous sont indiquées par le Code du travail. Lisez-les avec attention, elles sont les premiers éléments qui vous permettront peut-être de contester votre licenciement.

« L'employeur qui envisage de licencier un salarié le convoque, avant toute décision, à un entretien préalable.

La convocation est effectuée par lettre recommandée ou par lettre remise en main propre contre décharge. Cette lettre indique l'objet de la convocation.

L'entretien préalable ne peut avoir lieu moins de cinq jours ouvrables après la présentation de la lettre recommandée ou la remise en main propre de la lettre de convocation » (art. L. 1232-2 du Code du travail).

En clair, l'employeur qui envisage votre licenciement doit vous convoquer par écrit, par lettre recommandée avec accusé de réception, ou par lettre simple remise contre décharge.

Par « décharge », il faut entendre la mention que vous apposerez sur la lettre de convocation « reçu en main propre le… à… heures ».

À NOTER

Convocation par Chronopost *Un arrêt de la cour de Cassation (Chambre sociale) du 8 février 2011 a admis la régularité d'une convocation à l'entretien préalable par Chronopost.*

À NOTER

À conserver ! *La lettre de convocation est la première preuve de la régularité de la procédure de licenciement. Il est donc particulièrement important que vous la conserviez.*

› Le délai entre la remise de la convocation et l'entretien

Un délai de 5 jours ouvrables est nécessaire entre la date de remise de la convocation et l'entretien préalable.
Une lettre remise le vendredi soir pour vous convoquer à un entretien préalable le mardi suivant en début de matinée sera donc irrégulière.
Sera également irrégulière une convocation réceptionnée un mercredi 29 avril pour un entretien le mardi 5 mai : 5 jours calendaires mais 3 jours ouvrables.

À NOTER

Jours ouvrés, jours ouvrables et jours calendaires ?
- Les jours ouvrés sont les jours où l'on travaille : du lundi au vendredi.
- Les jours ouvrables sont les jours où l'on peut travailler : le samedi.
- Les jours calendaires sont les 7 jours de la semaine : du lundi au dimanche.
La France compte 11 jours fériés : 1er janvier, lundi de Pâques, 1er mai, 8 mai, jeudi de l'Ascension, 14 juillet, 15 août, Toussaint, 11 novembre, Noël. Une mention particulière pour le lundi de la Pentecôte, journée de la solidarité. Seul le 1er mai est à la fois férié et chômé.

› Quelles mentions doit comporter la lettre de convocation ?

• Le lieu de l'entretien

Sauf la nécessité justifiée d'un autre lieu, l'entretien a en principe lieu soit sur votre lieu de travail, soit au siège social de votre entreprise.

• L'heure de l'entretien

L'entretien a normalement lieu dans le temps de travail qui est le vôtre. Une convocation en dehors de vos heures de travail n'est cependant pas irrégulière. Elle peut seulement donner lieu à indemnisation pour le préjudice subi.

• La possibilité que vous avez de vous faire assister

Vous avez tout intérêt, rappelons-le encore une fois, à ne pas rester seul :
« Lors de son audition, le salarié peut se faire assister par une personne de son choix appartenant au personnel de l'entreprise.
Lorsqu'il n'y a pas d'institutions représentatives du personnel dans l'entreprise, le salarié peut se faire assister soit par une personne de son choix appartenant au

personnel de l'entreprise, soit par un conseiller du salarié choisi sur une liste dressée par l'autorité administrative.
À défaut d'institution représentative du personnel dans l'entreprise, la lettre de convocation à l'entretien préalable adressée au salarié doit obligatoirement mentionner la possibilité de recourir à un conseiller du salarié et préciser l'adresse des services dans lesquels la liste de ces conseillers est tenue à sa disposition » (art. L. 1232-4 du Code du travail).

À NOTER

Où trouver la liste des conseillers ? *La liste des conseillers habilités est établie par le directeur départemental du travail, de l'emploi et de la formation professionnelle, en concertation avec les organisations d'employeurs et de salariés. Elle est disponible auprès des sections de l'inspection du travail et des mairies.*

La mise à pied conservatoire

La lettre peut également contenir une mise à pied conservatoire.
L'employeur peut, dès la lettre de convocation à un entretien préalable, décider d'une mise à pied conservatoire. Une telle mesure permet d'écarter le salarié de l'entreprise le temps de la procédure de licenciement, et en même temps le priver de sa rémunération, si une faute grave ou lourde est retenue à son égard.
La mise à pied peut ne pas être accompagnée de la suspension de rémunération, ce qui n'empêchera pas l'employeur de se prévaloir d'une faute grave ou lourde dans la suite de la procédure.

Le déroulement de l'entretien préalable

Cette deuxième phase est tout aussi importante. Théoriquement, la décision n'est pas encore prise : vous avez donc toutes possibilités de vous défendre, de démentir les faits qui vous sont reprochés.

MON CONSEIL

Faites-vous accompagner *Dès réception de la lettre de convocation à l'entretien préalable, prenez contact avec un conseiller : représentant élu du personnel, représentant syndical appartenant à l'entreprise ou figurant sur la liste départementale, ou simple membre de l'entreprise. Il vous assistera, vous évitera éventuellement des réactions inopportunes et pourra vous accompagner pour le reste de la procédure, si nécessaire.*

› Qui participe à l'entretien préalable ?

● Du côté de l'employeur

L'employeur peut se faire représenter par la personne de l'entreprise ayant pouvoir de prononcer le licenciement, par exemple par le directeur du personnel (ou autre : DRH, directeur administratif…).
Il peut aussi se faire assister par toute personne appartenant au personnel de l'entreprise.

À NOTER

Un entretien privé et individuel *L'entretien préalable reste un entretien privé, ce n'est ni le lieu, ni l'occasion de mener une enquête… Cet entretien est strictement individuel : ce ne peut être un entretien de groupe, même si les faits qui vous sont reprochés le sont également à d'autres salariés.*

● De votre côté

Vous ne pouvez pas vous faire représenter. En revanche, on ne pourrait vous reprocher votre absence.
Celle-ci n'empêchera pas votre employeur de poursuivre la procédure de licenciement.

MON CONSEIL

Un entretien à ne pas manquer ! *Même si cela vous est pénible, il serait stupide de ne pas participer à l'entretien préalable. C'est l'occasion de connaître les griefs qui vous sont faits, de les contester, le cas échéant, et de prendre connaissance des premiers éléments de preuve qui pourront, éventuellement, être utilisés, devant les juges.*

Vous pouvez néanmoins vous faire assister (et je vous le conseille vivement).
Peut vous assister toute personne appartenant au personnel de l'entreprise : représentant du personnel (délégué du personnel, membre du comité d'entreprise, du CHSCT), représentant syndical, ou tout collègue de travail (l'employeur est tenu de lui maintenir sa rémunération pendant le temps de l'entretien).
Peut également vous assister, si votre entreprise ne dispose d'aucun représentant du personnel, un conseiller extérieur à l'entreprise, figurant sur une liste établie par le préfet de chaque département.

À NOTER

Quand faire appel à un avocat ? *À ce stade de la procédure, vous pouvez bien sûr prendre conseil d'un avocat, mais celui-ci ne pourra pas vous assister lors de l'entretien préalable.*

Pourquoi vous faire assister ?

Bien sûr, pour ne pas être seul dans un moment qui peut être traumatisant pour vous. L'assistance vous permettra aussi d'avoir un témoin de l'entretien qui pourra attester de la teneur de celui-ci lors d'une éventuelle phase contentieuse. Cet assistant peut vous suggérer les questions à poser à votre employeur, les réserves à faire sur ses positions, etc.

› Le contenu de l'entretien préalable

L'objectif de l'entretien est double :
- il doit permettre à l'employeur d'exposer les motifs qui l'amènent à envisager le licenciement ;
- il doit vous permettre de vous expliquer, de vous justifier ou de rejeter les griefs évoqués par votre employeur.

L'employeur doit vous exposer les griefs qu'il envisage de retenir contre vous, en apporter la preuve, et justifier qu'ils constituent une cause réelle et sérieuse, une faute grave ou une faute lourde, ou un motif économique. Il doit, à votre demande, vous communiquer toutes pièces justifiant les griefs qu'il vous oppose.
Vous avez, de votre côté, la possibilité de vous expliquer.
L'employeur doit vous laisser le temps de répondre, de vous expliquer, de poser des questions… Sauf à risquer de se voir condamner pour irrégularité de la procédure, votre employeur ne peut mettre fin unilatéralement à l'entretien.
La personne qui vous assiste doit également avoir le droit d'intervenir, de poser des questions, de formuler toutes observations qu'elle juge utiles.
Le ton de l'entretien doit rester serein, calme et respectueux de l'autre.
Les injures, menaces et autres violences sont évidemment et totalement à bannir. Leur emploi pourrait donner lieu à condamnation à des dommages-intérêts pour celui ou ceux qui s'en rendraient coupables.

À NOTER

Une présence utile *C'est une des raisons pour lesquelles je vous conseille vivement d'être assisté. Votre assistant, moins affecté que vous par le contenu de l'entretien, saura vous conseiller, si nécessaire, la prudence et le calme dans vos propos et vos attitudes.*

En revanche, ce que vous direz au cours de l'entretien ne pourra être retenu contre vous comme constituant une cause de licenciement.

Que faire après l'entretien ? Procès-verbal, compte rendu, contestation

Il est important que vous conserviez une trace de ce qui a été dit, de part et d'autre, au cours de cet entretien préalable. Plusieurs solutions sont possibles.

› Le procès-verbal ou l'enregistrement

Dans ces deux cas, il est nécessaire que vous-même et votre employeur soyez d'accord.
Votre accord et celui de l'employeur résultent de vos signatures conjointes sur le procès-verbal.
Un enregistrement est également, théoriquement, possible, si vous-même et votre employeur en êtes tous deux d'accord.
Un tel procès-verbal ou un tel enregistrement constituera une preuve importante devant les juges, sauf à démontrer que le consentement de l'une des parties, sur le principe, l'écrit ou l'enregistrement, n'a pas été librement consenti.

› Le compte rendu

Vous pouvez vous-même rédiger un compte rendu de l'entretien préalable : vous notez les motifs invoqués à votre encontre, les témoignages éventuels, les remarques que vous avez formulées, etc.
Mais bien meilleur est le compte rendu effectué par la personne qui vous assiste : son témoignage portera sur tous les éléments de l'entretien. Émanant d'un tiers, il aura beaucoup plus de force probante devant les juges éventuellement saisis.

› La contestation des faits qui vous sont reprochés

Avant la décision que votre employeur va vous notifier, vous avez encore une possibilité : reprendre l'argumentation que vous avez pu développer lors de l'entretien, et la compléter par tous les arguments qui ont pu vous échapper au cours de celui-ci.
Pour ce faire, une lettre recommandée avec accusé de réception vous permettra de compléter votre défense.

À NOTER

Un entretien d'information *En matière de licenciement économique, l'entretien préalable est davantage destiné à vous éclairer sur vos droits qu'à vous permettre de vous défendre. Il doit principalement servir à vous informer sur les mesures de reclassement, vos droits à une formation, la priorité de réembauchage qui doit vous être proposée, etc.*

Il est important de rappeler un principe essentiel : en droit, « il incombe à chaque partie de prouver conformément à la loi les faits nécessaires au succès de sa prétention » (art. 9 du Code de procédure civile).
Il importe donc que, dès cette phase préliminaire, vous puissiez réunir les éléments probants qui vous permettront de convaincre les juges du bien-fondé de votre demande.
Pour ce faire, n'hésitez pas à prendre conseil d'un conseiller syndical ou d'un avocat. Il vous suggérera les choses à dire ou à ne pas dire.

La notification de la décision par la lettre de licenciement

Faisant suite à l'entretien préalable, la troisième phase consiste à la notification de la décision de licenciement : la lettre de licenciement. C'est un des éléments clés de toute la procédure, car votre éventuelle contestation sera fondée sur les termes de cette lettre.
« Lorsque l'employeur décide de licencier un salarié, il lui notifie sa décision par lettre recommandée avec avis de réception.
Cette lettre comporte l'énoncé du ou des motifs invoqués par l'employeur. Elle ne peut être expédiée moins de deux jours ouvrables après la date prévue de l'entretien préalable au licenciement auquel le salarié a été convoqué » (art. L. 1232-6 du Code du travail).

L'importance de la lettre de licenciement

En cas de saisine ultérieure du Conseil de prud'hommes, la lettre de licenciement constituera un élément essentiel pour fonder vos prétentions et « cadrer » le débat. La lettre de licenciement doit donc, de ce fait, obéir à un certain formalisme.

› La nécessité d'un écrit et de la preuve de sa réception

Le licenciement doit faire l'objet d'un écrit dûment signé par l'employeur ou une personne habilitée à prendre cette mesure. La lettre doit être adressée au salarié et non à son conseil.
Afin d'être assuré de sa réception par le salarié, la lettre doit être envoyée par courrier recommandé avec avis de réception. Un exploit d'huissier peut remplacer la lettre recommandée.
Un licenciement verbal mettra cependant fin au contrat de travail, mais irrégulier en la forme, il sera réputé sans cause réelle et sérieuse. Mais c'est au salarié d'apporter la preuve de l'existence de ce licenciement verbal, à l'aide de témoignages, par exemple.
Une fois le licenciement notifié, la mesure est définitive, sauf rétractation de l'employeur, avec l'accord du salarié.
Le licenciement prendra effet du jour de l'envoi de la notification.

› La lettre de licenciement doit contenir la totalité des motifs retenus par l'employeur

Les motifs invoqués par l'employeur dans la lettre de licenciement fixent les limites du litige.
Ceci implique que l'employeur ne pourra pas, ultérieurement, invoquer d'autres motifs.
Cela signifie également que le juge ne pourra retenir que les motifs inclus dans la lettre de licenciement. Les seules possibilités du Conseil de prud'hommes seront de :
- retenir les motifs contenus dans la lettre ;
- les rejeter purement et simplement ;
- les requalifier (par exemple, juger que la faute grave ne peut être retenue et requalifier le licenciement prononcé pour faute grave en licenciement pour cause réelle et sérieuse). Le juge ne peut pas, en revanche, alourdir la mesure prononcée (par exemple, requalifier un licenciement pour faute grave en licenciement pour faute lourde).

Dans le cas d'un licenciement économique, la lettre de licenciement devra comporter deux motivations différentes :
- elle devra indiquer, d'une part, le fondement économique de la mesure : difficultés économiques, mutations technologiques, sauvegarde de la compétitivité de l'entreprise ;
- elle devra par ailleurs faire état des conséquences particulières de ces difficultés économiques sur le non-maintien de votre contrat de travail.

Est également obligatoire la mention de votre priorité de réembauchage, ainsi que vos droits en matière de formation ou de bénéfice d'un bilan de compétences.

À NOTER

La connaissance des motifs *L'absence de motifs contenus dans la lettre de licenciement constitue une cause d'annulation. La référence à d'autres documents qui contiendraient les griefs qui vous sont faits, même s'il est avéré que vous en avez eu connaissance, ne suffit pas. En revanche, si ces documents (la lettre de convocation à l'entretien préalable, par exemple) sont annexés à la lettre de licenciement, ils seront valablement pris en compte.*

Le délai d'envoi de la notification

La lettre de licenciement est censée avoir fait l'objet d'une réflexion et d'une analyse du contenu de l'entretien préalable.
En règle générale, un délai de réflexion de deux jours ouvrables minimum est imposé entre la date de l'entretien préalable et celle de la notification.
Le respect de ce délai est obligatoire. L'envoi de la notification avant le terme de ces deux jours laisserait supposer que, faute d'un temps minimum pour la réflexion et la rédaction de la notification, la décision de licenciement aurait été arrêtée avant l'entretien préalable, et sera donc considérée comme irrégulière.

En cas de licenciement économique, les délais de notification sont différenciés :
- si l'entreprise est dotée d'institutions représentatives du personnel (délégués du personnel, comité d'entreprise), le délai de notification est de 7 jours ouvrables (15 jours pour les cadres) ;
- si l'entreprise ne dispose pas d'instances représentatives, les délais sont respectivement de 4 jours ouvrables pour les employés, ouvriers et agents de maîtrise et 12 jours pour les cadres.

À NOTER

Petit rappel *En deçà de 11 salariés, les entreprises, ne disposent d'aucune représentation du personnel.*
Au-delà de 11 salariés, il incombe à l'employeur d'organiser l'élection de délégués du personnel (1 délégué titulaire et 1 suppléant de 11 à 74 salariés, etc.).
Au-delà de 50 salariés, il est mis en place un comité d'entreprise.
Dans ces deux derniers cas, il appartient à l'entreprise d'organiser les élections.

Les conséquences du licenciement

Le licenciement prend effet du jour de la notification.
Cela ne signifie pas que vous deviez quitter votre travail dès ce moment : sauf les cas de faute grave ou lourde, vous êtes tenu, et votre employeur également, de respecter la durée du préavis.

› Le maintien ou non de l'obligation au travail

Cette période de préavis est variable selon votre ancienneté dans l'entreprise, votre statut, et éventuellement les dispositions particulières de votre convention collective.
« Lorsque le licenciement n'est pas motivé par une faute grave, le salarié a droit :
1° S'il justifie chez le même employeur d'une ancienneté de services continus inférieure à six mois, à un préavis dont la durée est déterminée par la loi, la convention collective ou l'accord collectif de travail ou, à défaut, par les usages pratiqués dans la localité ou la profession.
2° S'il justifie chez le même employeur d'une ancienneté de services continus comprise entre six mois et moins de deux ans, d'un préavis d'un mois.
3° S'il justifie chez le même employeur d'une ancienneté de services continus d'au moins deux ans, à un préavis de deux mois.
Toutefois, les dispositions des 2° et 3° ne sont applicables que si la loi, la convention ou l'accord collectif de travail, le contrat de travail ou les usages ne prévoient pas un préavis ou une condition d'ancienneté de services plus favorable pour le salarié » (art. L. 1234-1 du Code du travail).
En clair, vous avez droit à un délai de prévenance (parfois appelé délai-congé) minimum avant de devoir cesser votre contrat.

Les délais généralement prévus par les conventions collectives sont souvent plus favorables que les délais légaux rappelés ci-dessus : reportez-vous à votre convention collective.
Si votre employeur souhaite vous voir quitter l'entreprise sans délai, il peut vous dispenser d'effectuer ce préavis.
Il doit en revanche vous verser le salaire afférent à cette période, y compris les congés payés, primes et rémunération variable s'il y a lieu.
La dispense du préavis doit être sans ambiguïté : il est donc préférable qu'elle soit faite par écrit.

À NOTER

La dispense de préavis *La dispense du préavis n'avance pas la date de cessation du contrat de travail, ce qui a pour conséquence, par exemple :*
- que vous pourrez continuer à bénéficier de votre véhicule de fonction, s'il était prévu que vous étiez autorisé à l'utiliser à titre personnel ;
- que vous êtes éligible aux élections des représentants du personnel si celles-ci ont lieu pendant la période de préavis !

Si la faute grave ou la faute lourde a été retenue comme motif de votre licenciement, vous n'avez droit ni à la période de préavis, ni à son indemnisation.
Sauf, bien sûr à contester devant le Conseil de prud'hommes la qualification de faute grave ou lourde.

› Si vous n'avez pas été dispensé de votre préavis

Vous devez, de part et d'autre, respecter vos obligations contractuelles :
- vous devez continuer à assurer votre travail ;
- votre employeur doit, en contrepartie, vous assurer votre salaire, y compris tous avantages accessoires ;
- le contrat de travail continue à avoir, pour les deux parties, l'ensemble de ses effets (non-concurrence, discrétion, etc.).

Si vous n'exécutez pas votre préavis dans des conditions conformes à vos obligations, votre employeur sera en droit de vous réclamer des dommages-intérêts. Pensez-y !
Vous pouvez bénéficier d'heures pour recherche d'emploi.
Les usages ou, le plus souvent, les conventions collectives, prévoient, pour le salarié licencié, l'octroi d'heures pour rechercher un nouvel emploi : en général, deux heures quotidiennes. Le mieux pour vous est de fixer le bénéfice de ces heures en accord avec votre employeur : deux heures par jour, c'est confortable, mais pas fatalement le plus efficace, pour retrouver un emploi.
Si votre entreprise avait plus de 1 000 salariés et si elle avait conclu un accord collectif de GPEC (gestion prévisionnelle des emplois et des compétences), vous pouvez bénéficier d'un congé de mobilité.

› Les documents que l'employeur doit vous remettre

Le règlement des sommes dues

Tout d'abord un chèque (ou un virement, ou la somme en espèces) correspondant aux sommes dues :
- le solde de vos salaires ;
- l'indemnité de congés payés pour les congés acquis et non pris à la date de cessation du contrat ;
- l'indemnité compensatrice de préavis et le montant des congés payés dus pendant la période de préavis, si vous avez été dispensé de l'effectuer ;
- l'indemnité de licenciement.

Indemnité de préavis et indemnité de licenciement ne sont pas dues si votre licenciement est motivé par une faute grave ou lourde.

La durée du préavis est fixée par votre contrat de travail ou votre convention collective.

À défaut, la loi a prévu des durées *a minima* qui sont :
- ancienneté de six mois à deux ans : préavis d'un mois ;
- ancienneté supérieure à deux ans : préavis de deux mois.

Le montant de l'indemnité de licenciement est en général prévu par votre convention collective. À défaut, le Code du travail prévoit un minimum qui est de :
- pour les licenciements à motif personnel : 1/5e du salaire brut mensuel jusqu'à 10 ans d'ancienneté et au-delà de 10 ans d'ancienneté, 1/5e du salaire brut mensuel, par année d'ancienneté + 2/15e du salaire par année au-delà de la 10e année (art. R. 1234-2) ;
- pour les licenciements faisant suite à un accident du travail ou à une maladie professionnelle, ces pourcentages passent respectivement à 2/5e et 4/15e du salaire brut mensuel.

Cas pratique

Vous avez 14 ans d'ancienneté dans la même entreprise, et votre salaire brut mensuel est de 1 800 €, votre indemnité légale de licenciement sera de :
(1 800 x 10/5e) + (1 800 x 4/5e + 1 800 x 8/15e) = 3 600 + 1 440 + 960 = 6 000 €.
Le salaire brut mensuel à prendre en considération est soit la moyenne des 12 derniers mois, soit celle des 3 derniers mois.

Le solde de tout compte

Vous avez besoin de savoir le détail des sommes qui vous sont versées au jour de votre départ ; le solde de tout compte ne peut avoir la valeur que d'un simple reçu.

« Le solde de tout compte, établi par l'employeur et dont le salarié lui donne reçu, fait l'inventaire des sommes versées au salarié lors de la rupture du contrat de travail.

Le reçu de solde de tout compte peut être dénoncé dans les six mois qui suivent sa signature, délai au-delà duquel il devient libératoire pour l'employeur pour les sommes qui y sont mentionnées » (art. L. 1234-20 du Code du travail).

Contrairement aux dispositions en vigueur jusqu'en 2008, le solde de tout compte est de nouveau obligatoire. Sauf contestation faite par vous dans le délai de six mois, il vaut preuve que vous avez effectivement reçu les sommes qui y figurent.

• Le certificat de travail

L'employeur doit également vous remettre un certificat de travail.
Ce document est important pour vous permettre la recherche d'un nouvel emploi.
« Le certificat de travail contient exclusivement les mentions suivantes :
1°) la date d'entrée du salarié et celle de sa sortie ;
2°) la nature de l'emploi ou des emplois successivement occupés et les périodes pendant lesquelles ces emplois ont été tenus ;
3°) le solde du nombre d'heures acquises au titre du droit individuel à la formation et non utilisées… » (art. D. 1234-6 du Code du travail).
Le certificat de travail est destiné à votre futur nouvel employeur afin de lui permettre de vérifier que vous êtes libre de tout engagement.
Il est « quérable » et non « portable », ce qui en langage courant signifie que c'est à vous de le réclamer à votre ancien employeur et d'aller le « quérir » dans votre ancienne entreprise.
Le refus par votre employeur de vous le remettre peut entraîner sa responsabilité pénale, mais peut également justifier de votre part une demande de dommages-intérêts.

• L'attestation Pôle emploi

Enfin, le dernier document que doit vous remettre votre employeur est l'attestation Pôle emploi.
Exigez ce document indispensable pour constituer votre dossier.
« L'employeur délivre au salarié, au moment de l'expiration ou de la rupture du contrat de travail, les attestations et justifications qui lui permettent d'exercer ses droits aux prestations mentionnées à l'art. L. 5421-2 et transmet ces mêmes attestations à l'institution mentionnée à l'article L. 5312-1 » (art. R. 1234-9 du Code du travail).
En même temps que le certificat de travail, et, éventuellement, le solde de tout compte, votre employeur doit vous remettre l'attestation Pôle emploi. C'est cette attestation qui vous permettra de faire valoir vos droits à l'allocation chômage.
Cette attestation doit préciser :
- vos droits à congés payés ;
- les indemnités que vous avez perçues ;
- les salaires des 12 derniers mois ;
- la conclusion éventuelle d'une transaction ;
- la nature de la rupture (licenciement, fin de CDD, démission…). Par contre, elle ne doit pas mentionner les motifs d'ordre personnel qui ont constitué la cause réelle et sérieuse.

Cette attestation doit vous être remise, au plus tard, lors de votre départ effectif de l'entreprise.

À NOTER

Si votre employeur ne vous remet pas l'attestation Pôle emploi

Vous pouvez :

- saisir l'Inspection de travail qui dressera un procès-verbal, lequel sera transmis au Procureur de la République, afin d'aboutir à une condamnation pouvant aller jusqu'à 1 500 € d'amende ;

- saisir le Conseil de prud'hommes, en procédure de référé ou en procédure normale, pour demander sa délivrance, éventuellement sous astreinte (paiement d'une somme par jour de retard) ;

- enfin solliciter le Conseil de prud'hommes afin d'obtenir des dommages-intérêts pour compenser le préjudice subi.

› Vos obligations vis-à-vis de votre ancien employeur

Malgré la rupture du contrat de travail, vous êtes, vous aussi, redevable d'un certain nombre d'obligations.

• La restitution de vos outils de travail

Vous devez restituer à votre employeur ce qu'il avait mis à votre disposition pour l'exécution de votre contrat. Par exemple, votre téléphone portable, votre ordinateur, etc., ou encore votre voiture de fonction si vous en bénéficiez.

À NOTER

Utilisation du véhicule à usage personnel *Si votre contrat de travail vous laissait la disponibilité de votre véhicule de fonction à des fins personnelles, vous en conserverez l'usage jusqu'à la fin de votre période de préavis, même si vous avez été dispensé de l'effectuer.*

• L'obligation de non-concurrence

Une clause de non-concurrence a pu être prévue dans votre contrat de travail, vous interdisant d'exercer une activité identique au profit d'un autre employeur.

Pour être valable, cette clause doit être limitée dans l'espace (la zone géographique où elle va s'exercer) et dans le temps (sa durée doit être précisée). Elle doit être compensée par une contrepartie financière à votre bénéfice.

La validité d'une telle clause peut, bien sûr, être soumise au contrôle du juge.

Les différents motifs de licenciement

➤ **Différents motifs de rupture peuvent être à l'origine de votre licenciement.**

➤ **Certains tiennent à vous-même, les motifs personnels, d'autres sont provoqués par la situation économique de l'entreprise, d'autres enfin, s'ils invoquent votre situation personnelle, méritent une attention particulière et, partant, une protection particulière.**

Les licenciements pour motifs personnels

Dans cette première hypothèse, c'est votre comportement, votre attitude, vos actions qui sont mis en cause. Il vous est reproché en résumé des manquements à vos obligations nées du contrat de travail.

Le licenciement pour cause réelle et sérieuse

La cause réelle et sérieuse est constituée par ce manquement, sans que celui-ci puisse nécessiter votre départ immédiat de l'entreprise.

› Définition

Quelle que soit la cause de votre licenciement, le juge vérifiera l'existence d'une cause réelle et sérieuse : « Tout licenciement pour motif personnel est motivé dans les conditions définies par le présent chapitre. Il est justifié par une cause réelle et sérieuse » (art. 1232-1 du Code du travail).

La cause réelle et sérieuse peut résulter d'une faute et doit donc être considérée comme une sanction disciplinaire, mais peut également résulter d'une insuffisance professionnelle.

Les griefs retenus pour motiver un licenciement doivent être :

- suffisamment importants et sérieux. Ils doivent être établis, c'est-à-dire non contestables et ne pas être issus d'une rumeur ;
- imputables au salarié (les faits imputables à sa famille ne pourront donc être retenus comme cause de la rupture) ;
- en relation avec l'activité professionnelle.

En tout état de cause, il appartiendra à l'employeur d'apporter la preuve de la réalité et du sérieux des motifs retenus à l'encontre de son salarié.

Il appartiendra au juge de vérifier l'existence d'une cause réelle et sérieuse : « En cas de litige, le juge à qui il appartient d'apprécier la régularité de la procédure suivie et le caractère réel et sérieux des motifs invoqués par l'employeur, forme sa conviction au vu des éléments fournis par les parties et au besoin après toutes mesures d'instruction qu'il estime utile [...] Si un doute subsiste, il profite au salarié » (art. L. 1235-1 du Code du travail).

› Quelques exemples

Ont été retenus comme cause réelle et sérieuse

• Des faits d'insubordination (refus d'exécuter le travail pour lequel il a été embauché, refus de rester quelques instants après l'heure de fin de travail pour terminer une tâche entreprise, refus d'exécuter un ordre, abandon de poste sans justification, prise de congés sans autorisation, non-respect des horaires...).

• Des faits relatifs au comportement du salarié (injures et violences à l'égard d'autres salariés, propos désobligeants tenus à l'égard de la clientèle de l'entreprise, le détournement par un salarié de son ordinateur et de sa connexion Internet pour visiter des sites zoophiles...).

• L'excès de liberté d'expression (le fait pour un salarié mécontent de n'avoir pas été promu, d'adresser une lettre au président du conseil d'administration de sa société dénigrant la direction de l'entreprise...).

• Des motifs professionnels, telle l'insuffisance des résultats, les négligences d'une aide comptable qui avaient entraîné des pertes importantes pour l'entreprise, l'exécution défectueuse des tâches confiées...

Ne constituent pas des causes réelles et sérieuses justifiant un licenciement

• La perte de confiance, même si elle repose sur des éléments objectifs : seuls ces éléments objectifs auraient pu constituer une cause réelle et sérieuse. Ainsi, le licenciement d'une salariée dont le conjoint avait démissionné de la même entreprise pour travailler chez un concurrent n'est pas justifié par une cause réelle et sérieuse, aucun élément objectif n'ayant été avancé.

• Il en est de même pour la mésentente : elle ne suffit pas en elle-même à justifier la rupture du contrat de travail. Elle ne peut être reprochée au salarié que si elle est étayée sur des faits objectifs et probants imputables au salarié.

• Une faute qui a déjà été sanctionnée par un avertissement, voire une mise à pied, ne peut servir de motif à un licenciement (*non bis in idem*).

• Ne sera pas retenue comme cause réelle et sérieuse, l'insuffisance d'un salarié dont l'employeur connaissait les limites de compétences.

À NOTER

La détermination de la cause réelle et sérieuse *C'est au juge saisi qu'il appartient, dans chaque cas, de déterminer si l'acte, ou l'abstention du salarié ,constitue, ou non, une cause réelle et sérieuse. Il devra prendre en compte tous les éléments concernant le salarié (son ancienneté par exemple), l'environnement de l'entreprise, les circonstances entourant la commission du fait reproché.*

› Les conséquences du licenciement pour cause réelle et sérieuse

Si vous avez été licencié pour cause réelle et sérieuse, vous avez droit :

- au paiement du solde de salaire vous étant dû, y compris le cas échéant, des éléments variables de votre salaire (*prorata temporis*) ;
- au paiement d'une indemnité compensatrice de congés payés, si vous n'aviez pas pris la totalité des congés auxquels vous aviez droit, compte tenu de votre date de cessation de contrat ;

- à travailler jusqu'à la fin de votre préavis, ou si vous en avez été dispensé, au paiement d'une indemnité compensatrice ;
- au paiement de l'indemnité légale ou conventionnelle de licenciement (si vous remplissez les conditions d'ancienneté suffisantes) ;
- au déblocage anticipé de votre participation et à la disponibilité de votre intéressement.

Le licenciement pour faute grave

En sus du manquement à vos obligations contractuelles, la faute grave suppose que votre maintien dans l'entreprise soit impossible.

› Définition

La faute grave résulte d'un fait ou d'un ensemble de faits imputables au salarié, qui constituent une violation des obligations découlant du contrat de travail ou des relations de travail d'une importance telle qu'elle rend impossible le maintien du salarié dans l'entreprise pendant la période de préavis.
Pour qu'une faute grave puisse être retenue à votre encontre, il faut donc que :
• vous soyez l'auteur d'un ou de plusieurs faits en violation des obligations de votre contrat de travail :
- les faits qui vous sont reprochés doivent vous être personnellement imputables. Ne pourront ainsi être retenus à votre encontre des faits qui relèveraient d'un membre de votre famille ou de votre environnement,
- les faits qui vous sont reprochés ne doivent pas relever de votre vie privée. Votre employeur ne peut vous reprocher vos agissements en dehors du strict cadre professionnel. Une condamnation pénale pour un fait relevant de votre vie personnelle ne peut servir de motif à un licenciement pour faute ;

À NOTER

Licenciement et peine privative de liberté *En revanche, dans une telle hypothèse, et si vous étiez condamné à une peine privative de liberté, votre employeur pourrait constater votre incapacité à tenir votre poste de travail et justifier de la nécessité où il est de vous remplacer.*

• il faut, de plus, que ces faits soient d'une importance telle que votre maintien dans l'entreprise soit impossible :
- c'est pour cette raison qu'en cas de faute grave, vous ne bénéficierez pas du préavis, et que, de surcroît, votre employeur peut vous « mettre à pied » à titre conservatoire dès la convocation à un entretien préalable,
- la faute doit être suffisamment importante pour justifier votre éloignement de l'entreprise : un retard exceptionnel de cinq minutes ne saurait être retenu comme faute, et encore moins comme faute grave.

› Quelques exemples

La faute grave ne peut être retenue comme motif de licenciement que si l'engagement des poursuites disciplinaires est initié dans un délai de deux mois après la commission des faits ou après que l'employeur en a eu connaissance.

Ont été retenus comme faute grave

- La répétition de faits fautifs, malgré une première sanction de l'employeur.
- Le fait pour un chauffeur routier de conduire en état d'ivresse a été jugé comme se rattachant à sa vie professionnelle et retenu comme constituant une faute grave.
- La faute grave a également été retenue à l'encontre d'un salarié, pour attitude indécente à l'égard de ses collègues féminines.
- Est retenu comme faute grave le vol commis par un salarié au détriment de son employeur, de ses collègues ou des clients de l'entreprise.
- Etc.

À NOTER

La détermination de la faute grave *Il appartient au juge de décider de l'existence ou de l'absence d'une faute grave, au vu des éléments et des conditions de la commission de la faute. Il ne peut se décider qu'à la seule lumière de la lettre de licenciement qui fixe impérativement les limites du litige.*

Le juge peut décider de l'existence de la faute grave, requalifier le licenciement pour faute grave en licenciement pour cause réelle et sérieuse, ou juger que le licenciement est dépourvu de cause réelle et sérieuse.

À NOTER

Le fait de fumer dans l'entreprise, malgré l'interdiction générale et les rappels de cette interdiction effectués par l'entreprise, a été retenu comme faute grave (C. cass. juillet 2008).

› Les conséquences du licenciement pour faute grave

La mise à pied conservatoire

La faute grave peut entraîner une première conséquence : la mise à pied conservatoire.

- À la différence de son homonyme, la mise à pied disciplinaire, la mise à pied conservatoire n'est pas une sanction : c'est une simple mesure de précaution, la présence du salarié étant jugée indésirable dans l'entreprise le temps de la procédure. « Lorsque les faits reprochés au salarié rendent indispensable une mesure conservatoire de mise à pied à effet immédiat, aucune sanction définitive relative à ces faits ne peut être prise sans que la procédure prévue à l'article L. 1332-2 ait été respectée » (art. L. 1332-3 du Code du travail).

• N'étant pas une sanction disciplinaire, la mise à pied conservatoire n'a pas à être motivée. Cette mesure est, le plus généralement, prise lors de la convocation à l'entretien préalable. N'étant pas une sanction, la mise à pied conservatoire, peut pour les mêmes faits être suivie d'une sanction (non-application de la règle *non bis in idem*).
• La mise à pied conservatoire vise à écarter le salarié de l'entreprise durant le temps de la procédure et en attente de la décision définitive. Si le salarié est « interdit » de travail, corrélativement sa rémunération est suspendue jusqu'à la décision de licenciement.
• Si la procédure n'aboutit pas à un licenciement pour faute grave (même si le licenciement est prononcé pour cause réelle et sérieuse), la rémunération devra être rétablie pour la période considérée.
• Dans la même hypothèse, la mise à pied à conservatoire ne peut se transformer en mise à pied disciplinaire sans que la procédure disciplinaire soit respectée (convocation, entretien préalable, etc.).
• Le fait pour l'employeur de n'avoir pas recouru à une mise à pied conservatoire, ou d'avoir maintenu la rémunération du salarié pendant cette période, ne l'empêche nullement de prononcer un licenciement pour faute grave.

Les conséquences financières

Si vous avez été licencié pour faute grave, vous avez droit :
- au paiement du solde de salaire vous étant dû, y compris le cas échéant, des éléments variables de votre salaire (*prorata temporis*) ;
- au paiement du solde de congés payés pour la période en cours.

En revanche, vous perdez le bénéfice du paiement :
- d'une indemnité compensatrice de préavis ;
- de l'indemnité légale ou conventionnelle de licenciement, quelle que soit votre ancienneté dans l'entreprise ;
- de votre rémunération pendant la période de mise à pied conservatoire si cette mesure a été prise.

Le licenciement pour faute lourde

L'existence d'une faute lourde retenue à votre encontre suppose que vous ayez eu une intention délibérée de nuire à votre employeur.

› Définition

La faute lourde doit être d'une exceptionnelle gravité. Elle doit avoir été commise avec l'intention de nuire à l'employeur.

› Quelques exemples

Les fautes lourdes le plus souvent reconnues concernent des malversations, la divulgation de secrets de l'entreprise, des actes de concurrence déloyale, tels que la création, pendant le temps d'une relation de travail, d'une entreprise concurrente.

Il appartient à l'employeur qui retient la faute lourde comme motif d'établir la réalité de l'intention de nuire.
Ainsi n'a pas reçu la qualification de faute lourde le fait pour un salarié d'avoir accepté la vente de denrées périmées, dès lors que la preuve de son intention de nuire n'était pas rapportée.
L'incarcération du salarié pour des raisons personnelles, pour quelque motif que ce soit, ne peut réunir les éléments d'une faute lourde.

› Les conséquences du licenciement pour faute lourde

Si vous avez été licencié pour faute lourde, vous avez droit :
- au paiement du solde de salaire vous étant dû, y compris, le cas échéant, des éléments variables de votre salaire (*prorata temporis*) ;
- vos droits à intéressement.

En revanche, vous perdez le bénéfice du paiement :
- d'une indemnité compensatrice de préavis ;
- du paiement de l'indemnité légale ou conventionnelle de licenciement, quelle que soit votre ancienneté dans l'entreprise ;
- de votre rémunération pendant la période de mise à pied conservatoire ;
- de l'indemnité compensatrice de congés payés pour la période de référence en cours, ainsi que pour toute période antérieure, s'il n'est pas établi que vos congés pour cette période ont été refusés par votre employeur.

Vous pouvez, de plus, être condamné à indemniser votre employeur du préjudice qu'il a lui-même subi de votre fait.

Pouvez-vous être licencié pour cause de maladie ou d'accident non professionnels ?

En principe, non ! Votre absence pour maladie ou à la suite d'un accident non professionnel ne peut constituer en elle-même un motif de licenciement : « Aucune personne ne peut être écartée d'une procédure de recrutement ou de l'accès à un stage ou à une période de formation en entreprise, aucun salarié ne peut être sanctionné, licencié […] en raison de son état de santé ou de son handicap » (art. L. 1132-1 du Code du travail). Mais, il n'est pas pour autant interdit que le licenciement soit motivé, non par l'état de santé du salarié, mais par la situation objective de l'entreprise qui se trouve dans la nécessité de pourvoir au remplacement d'un salarié dont l'absence prolongée ou les absences répétées perturbent le fonctionnement.

Vos droits et obligations en cas de maladie ou accident non professionnels

Votre absence suite à une maladie ou à un accident vous ouvre un certain nombre de droits.

Selon l'article L. 1226-1 du Code du travail :

« Tout salarié ayant une année d'ancienneté dans l'entreprise bénéficie, en cas d'absence au travail justifiée par l'incapacité résultant de maladie ou d'accident constaté par certificat médical et contre-visite, s'il y a lieu, d'une indemnité complémentaire à l'allocation journalière prévue à l'article L. 321-1 du Code de la Sécurité sociale, à condition :

1°) D'avoir justifié dans les 48 heures de cette incapacité ;

2°) D'être pris en charge par la Sécurité sociale ;

3°) D'être soigné sur le territoire français ou dans un des autres États partie à l'accord sur l'espace économique européen.

Ces dispositions ne s'appliquent pas aux salariés travaillant à domicile, aux salariés saisonniers, aux salariés intermittents et aux salariés temporaires […]. »

› L'obligation de déclaration

En clair, en cas de maladie ou d'accident, vous devez, dans les 48 heures de votre absence de ce fait, envoyer à votre employeur un avis d'arrêt de travail. Un appel téléphonique, s'il n'est en rien obligatoire, peut être apprécié…

L'absence d'envoi de l'arrêt de travail, ou son envoi tardif, peut être retenue à votre encontre comme faute grave, ou constituer une cause réelle et sérieuse justifiant votre licenciement.
Vous devez vous soumettre, le cas échéant, à une contre-expertise à la demande de la Sécurité sociale ou de votre employeur.
À l'issue de la période d'arrêt de travail, vous devez soit reprendre votre poste, soit justifier d'une prolongation qui obéira aux mêmes règles que l'arrêt initial.

› L'indemnité complémentaire

Dans ces conditions, et si vous avez une année d'ancienneté dans l'entreprise, vous bénéficierez d'une indemnité complémentaire de façon à maintenir votre salaire durant cette période.
Le salaire de référence servant de base à l'indemnisation complémentaire, celle-ci ne peut être supérieure au salaire que vous auriez perçu si vous aviez été présent au travail. L'indemnité complémentaire est, sauf disposition contraire prévue dans un accord d'entreprise, due dès le premier jour de votre arrêt de travail.
L'indemnité complémentaire s'élève à 90 % de la rémunération brute, pendant les 30 premiers jours, puis aux 2/3 de cette somme pendant les 30 jours suivants.

› L'obligation de « non-activité »

Votre contrat de travail est « suspendu » et non pas « rompu ». La suspension de votre contrat de travail entraîne une obligation de « non-activité ». Vous n'êtes plus tenu de vous tenir à la disposition de votre employeur, mais vous ne pouvez pas non plus vous livrer à une activité rémunératrice à votre profit : ceci pourrait constituer un manquement à votre obligation de loyauté.

Les droits et obligations de votre employeur

Maladie et accident d'un salarié créent également des droits et obligations à l'égard de votre employeur.
Selon l'article L. 1226-2 du Code du travail : « Lorsque à l'issue des périodes de suspension du contrat de travail consécutives à une maladie ou à un accident non professionnel, le salarié est déclaré inapte par le médecin du travail à reprendre l'emploi qu'il occupait précédemment, l'employeur lui propose un autre emploi approprié à ses capacités.
Cette proposition prend en compte les conclusions écrites du médecin du travail et les indications qu'il formule sur l'aptitude du salarié à exercer l'une des tâches existantes dans l'entreprise.
L'emploi proposé est aussi comparable que possible à l'emploi précédemment occupé, au besoin par la mise en œuvre de mesures telles que mutations, transformation du poste de travail ou aménagement du temps de travail. »

› L'obligation d'une visite médicale de reprise du travail

Vous êtes tenu à une visite médicale de reprise du travail, effectuée auprès du médecin du travail « après une absence d'au moins vingt et un jours pour cause de maladie ou d'accident non professionnel, ou en cas d'absences répétées pour raisons de santé » (art. R. 241-51 du Code du travail).

La visite de reprise est normalement initiée par votre employeur. Vous pouvez la solliciter auprès de celui-ci, ou directement auprès du médecin du travail, sous réserve d'en informer votre employeur.

L'examen de reprise a pour objet d'apprécier votre aptitude à reprendre votre ancien emploi, ou à déterminer la nécessité d'une adaptation des conditions de travail.

Elle doit avoir lieu lors de votre reprise du travail et au plus tard dans les huit jours suivants celle-ci (art. R. 4624-22 du Code du travail).

› Les conséquences de la visite de reprise

Le médecin du travail peut conclure à votre aptitude à reprendre votre ancien emploi : tout va bien, vous pouvez reprendre votre poste de travail, retrouver l'ensemble de vos conditions de travail antérieures. Il est alors mis fin à la suspension de votre contrat de travail qui reprend dans leur totalité les obligations réciproques de vous-même et de votre employeur.

Si le médecin du travail estime que votre état de santé est incompatible avec la tenue du poste que vous occupiez préalablement à votre arrêt de travail, votre employeur doit vous proposer un autre emploi adapté à vos capacités, prenant en compte les conclusions du médecin.

Il a, pour ce faire, un délai d'un mois à compter du certificat de reprise. Au terme de ce mois, et s'il ne vous a pas été proposé un poste correspondant aux indications du médecin du travail, l'employeur est tenu de vous rétablir la rémunération.

Si le certificat médical, établi par le médecin du travail, a établi une inaptitude à tout travail salarié au sein de l'entreprise, ou si les mesures de reclassement n'ont pu aboutir, l'employeur doit vous licencier pour inaptitude, en respectant la procédure de licenciement définie précédemment (voir *En quoi consiste une procédure de licenciement ?*, p. 15). Il lui appartient, sous contrôle éventuel du juge, d'apporter les preuves de l'impossibilité du reclassement.

À NOTER

Les motifs de licenciement en cas de maladie ou d'accident non professionnels *En résumé, en cas de maladie ou d'accident non professionnels, vous pouvez être licencié :*

- pour cause d'inaptitude totale et définitive ;

- pour absence de possibilité de reclassement ;

- pour refus du poste de reclassement proposé ;

Il s'agit dans ces cas de licenciement pour cause réelle et sérieuse. Votre employeur ne sera, cependant, pas tenu de vous verser l'indemnité de préavis, puisque vous êtes dans l'impossibilité de l'effectuer.

- pour non-respect de votre fait des obligations (non-envoi du certificat médical dans les délais) ;

- pour votre refus réitéré de vous présenter à l'examen médical de reprise ;

- pour prise d'une activité rémunératrice durant le temps de la suspension de travail ;

- pour envoi d'un faux certificat médical...

Sous réserve du contrôle a posteriori du juge, ces motivations peuvent être qualifiées de faute grave, privative de l'indemnité de licenciement.

Et en cas d'accident du travail ou de maladie professionnelle ?

Victime d'un accident du travail ou d'une maladie professionnelle, vous bénéficiez de droits particuliers et d'une protection spécifique vis-à-vis d'une éventuelle rupture de votre contrat de travail.
« Le contrat de travail du salarié victime d'un accident du travail, autre qu'un accident de trajet, ou d'une maladie professionnelle est suspendu pendant la durée de l'arrêt de travail provoqué par l'accident ou la maladie [...].
La durée des périodes de suspension est prise en compte pour la détermination de tous les avantages légaux et conventionnels liés à l'ancienneté dans l'entreprise » (art. L. 1226-7 du Code du travail).

Définition

Qu'est-ce qu'un accident du travail ou une maladie professionnelle ?

› L'accident du travail

L'accident du travail est l'accident survenu par le fait ou à l'occasion du travail. La victime est un salarié de l'entreprise (ce peut être également un salarié mis à disposition ou en contrat de mission).
Il doit s'agir d'« accident », ce qui suppose un caractère soudain de la survenance du traumatisme, lequel peut être non seulement physique mais aussi, éventuellement, psychique.

› La maladie professionnelle

La maladie professionnelle est une maladie répertoriée comme telle par la Sécurité sociale et contractée dans les conditions précisées par la nomenclature de celle-ci.
En cas de contestation, il relève de l'autorité de la Caisse primaire de Sécurité sociale de relever le caractère « professionnel de l'accident ou de la maladie », sous contrôle éventuel du tribunal des affaires de Sécurité sociale.

Les conséquences

Que devez-vous faire en cas d'accident du travail ou de maladie professionnelle ?

› L'obligation de déclaration

L'arrêt de travail doit être constaté et justifié par un certificat médical.

L'accident du travail doit faire l'objet d'une déclaration par votre employeur, dans un délai de 48 heures maximum, auprès de la Sécurité sociale.
Vous devez vous soumettre, le cas échéant, à une contre-expertise, à la demande de la Sécurité sociale ou de votre employeur.
À l'issue de la période d'arrêt de travail, vous devez soit reprendre votre poste, soit justifier d'une prolongation qui obéira aux mêmes règles que l'arrêt initial.

› Le bénéfice d'une indemnité complémentaire

Dans ces conditions, et si vous avez au moins trois ans d'ancienneté dans l'entreprise, vous bénéficierez d'une indemnité complémentaire de façon à maintenir votre salaire durant cette période.
Le salaire de référence servant de base à cette indemnisation complémentaire, cette dernière ne peut être supérieure au salaire que vous auriez perçu si vous aviez été présent au travail. L'indemnité complémentaire est, sauf disposition contraire prévue dans un accord d'entreprise, due dès le premier jour de votre arrêt de travail.
L'indemnité complémentaire s'élève à 90 % de la rémunération brute pendant les 30 premiers jours, puis aux 2/3 de cette somme pendant les 30 jours suivants.

› L'obligation de « non-activité »

Votre contrat de travail est « suspendu » et non pas « rompu ». La suspension de votre contrat de travail entraîne une obligation de « non-activité ». Vous n'êtes plus tenu de vous tenir à la disposition de votre employeur, mais vous ne pouvez pas non plus vous livrer à une activité rémunératrice à votre profit : ceci pourrait constituer un manquement à votre obligation de loyauté.
Votre ancienneté dans l'entreprise continue de courir pendant votre arrêt maladie, sauf en ce qui concerne l'ouverture du droit à congés payés.

› L'obligation d'une visite médicale de reprise du travail

Vous êtes tenu à une visite médicale de reprise du travail auprès du médecin du travail :
« Lorsque à l'issue des périodes de suspension définies à l'article L. 1226-7, le salarié est déclaré apte par le médecin du travail, il retrouve son emploi ou un emploi similaire assorti d'une rémunération au moins équivalente. Les conséquences de l'accident ou de la maladie professionnelle ne peuvent entraîner pour l'intéressé aucun retard de promotion ou d'avancement au sein de l'entreprise » (art. L. 1226-8 du Code du travail).
La visite de reprise est normalement initiée par votre employeur. Vous pouvez la solliciter auprès de celui-ci, ou directement auprès du médecin du travail, sous réserve d'en informer votre employeur.
L'examen de reprise a pour objet d'apprécier votre aptitude à reprendre votre ancien emploi, ou à déterminer la nécessité d'une adaptation des conditions de travail.
Elle doit avoir lieu lors de votre reprise du travail et au plus tard dans les huit jours suivants celle-ci (art. R. 4624-22 du Code du travail).

Les conséquences de la visite médicale de reprise

Le médecin du travail peut conclure à votre aptitude à reprendre votre ancien emploi : tout va bien, vous pouvez reprendre votre poste de travail, retrouver l'ensemble de vos conditions de travail antérieures. Il est alors mis fin à la suspension de votre contrat de travail qui reprend dans leur totalité les obligations réciproques de vous-même et de votre employeur.

Si le médecin du travail estime que votre état de santé est incompatible avec la tenue du poste que vous occupiez préalablement à votre arrêt de travail, votre employeur doit vous proposer un autre emploi adapté à vos capacités, prenant en compte les conclusions du médecin.

Il a, pour ce faire, un délai d'un mois, à compter du certificat de reprise. Au terme de ce mois, et s'il ne vous a pas été proposé un poste correspondant aux indications du médecin du travail, l'employeur est tenu de vous rétablir la rémunération.

« Lorsque à l'issue des périodes de suspension du contrat de travail consécutives à un accident du travail ou à une maladie professionnelle, le salarié est déclaré inapte par le médecin du travail à reprendre l'emploi qu'il occupait précédemment, l'employeur lui propose un autre emploi approprié à ses capacités.

Cette proposition prend en compte, après avis des délégués du personnel, les conclusions écrites du médecin du travail et les indications qu'il formule sur l'aptitude du salarié à exercer l'une des tâches existantes dans l'entreprise. Dans les entreprises de cinquante salariés et plus, le médecin du travail formule également des indications sur l'aptitude du salarié à bénéficier d'une formation destinée à lui proposer un poste adapté.

L'emploi proposé est aussi comparable que possible à l'emploi précédemment occupé, au besoin par la mise en œuvre de mesures telles que mutations, transformations de postes ou aménagement du temps de travail » (art. L. 1226-10 du Code du travail).

L'employeur doit proposer un poste approprié à ses nouvelles capacités, en mettant en œuvre toutes mesures utiles pour ce faire : mutations, aménagement du temps de travail, etc.

Il doit également prendre en compte les préconisations du médecin du travail et prendre l'avis des délégués du personnel, afin de proposer un poste de reclassement.

La recherche de reclassement doit se faire à l'intérieur du groupe auquel appartient l'entreprise.

Si le médecin du travail conclut à votre inaptitude

L'avis du médecin du travail, constatant l'inaptitude, ne concerne que l'emploi occupé précédemment par le salarié : il est le point de départ des recherches d'un reclassement possible au sein de l'entreprise.

« Sauf dans le cas où le maintien du salarié à son poste de travail entraîne un danger immédiat pour sa santé ou sa sécurité ou celle des tiers, le médecin du travail ne peut constater l'inaptitude médicale du salarié à son poste de travail qu'après avoir réalisé :

1°) une étude de ce poste ;

2°) une étude des conditions de travail dans l'entreprise ;

3°) deux examens médicaux de l'intéressé espacés de deux semaines, accompagnés, le cas échéant, d'examens complémentaires » (art. R. 4624-31 du Code du travail).
L'absence d'un double examen est une cause de nullité du licenciement pour inaptitude.

En conclusion

Vous êtes déclaré apte

Si le médecin du travail vous a déclaré apte, vous devez retrouver votre emploi ou un emploi de même nature et à nouveau percevoir une rémunération équivalente.
En cas de refus de votre employeur, c'est le Conseil de prud'hommes qui pourra décider de votre réintégration, sous réserve de votre accord et de celui de votre employeur.
Dans le cas contraire, en plus de votre indemnité de préavis et de votre indemnité spéciale de licenciement, vous aurez droit à une indemnité spécifique qui ne peut être inférieure à 12 mois de salaire.

Vous êtes déclaré inapte

Si le médecin du travail, après les deux examens obligatoires, vous a déclaré inapte :
- votre employeur dispose d'un délai d'un mois pour procéder à votre reclassement ;
- s'il vous propose un nouveau poste, que vous refusez, il peut vous licencier ;
- si l'employeur, n'est pas à même de vous proposer un nouveau poste de travail, il doit vous en informer par écrit, en mentionnant les raisons qui l'en empêchent, et entamer la procédure habituelle de licenciement (convocation, entretien préalable, notification). Il doit de plus en informer les délégués du personnel. Si dans le délai d'un mois, il ne vous a pas été fait de proposition de reclassement et si vous n'avez pas été licencié, vous avez droit au versement du salaire afférent à votre poste antérieur.

Les incidences financières du licenciement suite à un accident ou à une maladie professionnelle

La rupture du contrat de travail consécutive à un accident du travail ou à une maladie professionnelle vous ouvre droit à certaines compensations financières.
« La rupture du contrat de travail dans les cas prévus au deuxième alinéa de l'article L. 1226-12 ouvre droit, pour le salarié, à une indemnité compensatrice d'un montant égal à celui de l'indemnité compensatrice de préavis prévue à l'article L. 1 234-5 ainsi qu'à l'indemnité spéciale de licenciement, qui, sauf dispositions conventionnelles plus favorables, est égale au double de l'indemnité prévue par

l'article L. 1234-9. Toutefois ces indemnités ne sont pas dues par l'employeur qui établit que le refus par le salarié du reclassement qui lui est proposé est abusif » (art. L. 1226-14 du Code du travail).
Ainsi, en cas de licenciement pour inaptitude suite à un accident ou à une maladie professionnelle, vous avez droit à :
- une indemnité compensatrice, égale à l'indemnité compensatrice de préavis, préavis que vous ne pouvez effectuer ;
- une indemnité spéciale de licenciement, qui, sauf disposition plus favorable de votre convention collective, est égale au double de l'indemnité légale de licenciement prévue par l'article L. 1234-9.
Par ailleurs, si vous aviez été déclaré apte, et que, nonobstant votre certificat d'aptitude, votre employeur a refusé votre réintégration, ou s'il a méconnu les dispositions relatives au reclassement du salarié, le Conseil de prud'hommes saisi peut ordonner votre réintégration. Si votre employeur ou vous-même refusez cette réintégration, le tribunal vous octroiera une indemnité qui ne peut être inférieure à 12 mois de salaire.
Enfin, si votre employeur, prononçant votre licenciement n'a pas respecté la procédure prévue pour les licenciements pour motif personnel, il est fait application des règles applicables en la matière.

Les licenciements pour motif économique

En ce domaine, ce n'est plus vos obligations contractuelles ou votre état de santé (quelle qu'en soit l'origine) qui est cause de la rupture, mais l'état de santé économique de votre entreprise. Un certain nombre de règles de procédure restent identiques, selon l'importance des licenciements envisagés et la taille de l'entreprise.

Rappel historique

L'évolution du droit en la matière reflète bien l'évolution économique et politique de notre société depuis les lendemains de la dernière guerre.
Il n'est pas inintéressant de se souvenir que le contrôle de l'emploi date de l'ordonnance du 24 mai 1945, et que c'est sur cette base que le Conseil d'État avait jugé, à l'époque, que les licenciements pour motif économique nécessitaient une autorisation administrative préalable.
18 juin 1966 : le comité d'entreprise est appelé à donner son avis sur un plan de compression des effectifs.
1969 : consultation obligatoire du comité d'entreprise et imposition d'un délai entre la saisine du comité et la décision de licencier pour motif économique.
1975 : consultation des représentants du personnel (comité d'entreprise ou, à défaut, délégués du personnel), nécessité d'une autorisation administrative préalable.
1986 : suppression de l'autorisation administrative.
1989 : mise en place du « plan social », conventions de conversion.
1993 : renforcement des compétences des instances représentatives et des autorités administratives.
2002 (loi de modernisation sociale) : essai de prévention des licenciements économiques, renforcement des rôles respectifs des autorités administratives et des représentants du personnel.
2005 : loi de programmation pour la cohésion sociale.

Définition

Il est important pour commencer de définir les contours et les motifs précis des licenciements économiques.
« Constitue un licenciement pour motif économique le licenciement effectué par un employeur pour un ou plusieurs motifs non inhérents à la personne du salarié résultant d'une suppression ou transformation d'emploi ou d'une modification, refusée par le salarié, d'un élément essentiel du contrat de travail, consécutives

notamment à des difficultés économiques ou à des mutations technologiques… » (art. L. 1233-3 du Code du travail).

› En quoi consiste le motif économique ?

• Les causes du licenciement pour motif économique

Le salarié est totalement étranger à la cause de son licenciement. La cause ne peut être liée à son action – ou à son inaction –, mais est due à un problème lié à l'activité de l'entreprise.
Ainsi, ne pourront être retenus comme motif économique :
- votre âge ;
- votre ancienneté ;
- votre incapacité physique ;
- votre insuffisance professionnelle.

Ne pourront donc justifier un licenciement économique, par exemple, votre désaccord avec votre employeur, ou l'exercice par vous de fonctions syndicales.

• Que faut-il entendre par suppression ou modification d'emploi ?

La suppression d'emploi

La suppression de votre emploi doit, pour être retenue comme cause de votre licenciement, être la conséquence directe du motif économique. Elle suppose que vous ne soyez pas remplacé dans votre poste.
Il peut s'agir d'une suppression de tâches, en cas de sous-traitance ou d'externalisation de certaines activités.
Il peut également s'agir d'une suppression d'emploi sans suppression des tâches effectuées, par exemple si les tâches dont vous aviez la charge sont réparties sur d'autres postes de travail.
La transformation d'emploi peut résulter de la prise en charge de nouveaux secteurs d'activité. Peuvent également être transformés des emplois suite à l'informatisation d'un service.
D'une nature totalement différente est la modification de votre contrat de travail.

La modification du contrat de travail

Il y a tout d'abord lieu de distinguer changement des conditions de travail et modification du contrat de travail. Celle-ci doit être entérinée par le salarié.
En ce qui concerne les horaires de travail, par exemple, constitue un simple changement des conditions de travail l'imposition par l'employeur d'heures supplémentaires, dès lors qu'elles se situent à l'intérieur du cadre légal ou conventionnel.
Leur suppression s'analyse de la même façon dans le pouvoir de direction de l'entreprise.
À l'inverse, constituera une modification du contrat de travail la suppression d'une deuxième journée de repos hebdomadaire ou la modification de la durée hebdomadaire.

En matière de rémunération, le changement de son montant ou de son mode de versement doit nécessairement faire l'objet d'un accord du salarié. Le contrat de travail peut, par contre, prévoir une clause de variation qui sera valable dès lors qu'elle est basée sur des éléments objectifs.
En matière de lieu de travail, et à défaut de clause précise, le contrat de travail doit s'exécuter dans le même secteur géographique. Si l'entreprise qui déménage reste dans le même secteur géographique, il n'y aura pas modification du contrat. C'est au juge du fond qu'il appartiendra de trancher de manière objective en ce domaine.
À l'inverse, le déplacement occasionnel imposé à un salarié, pour les besoins du service, et hors du secteur géographique où il travaille habituellement, ne sera pas générateur d'une modification du contrat, mais d'un simple changement des conditions de travail.

ATTENTION ⚠

Le refus par le salarié d'un changement de conditions de travail explicitement prévu dans le contrat de travail (horaires, localisation) sera considéré comme un motif légitime de licenciement, voire comme une faute grave.

› Les causes de la suppression d'emploi ou de la modification des conditions de travail

Les difficultés économiques

Les difficultés économiques doivent être distinguées des fluctuations normales du marché : ni la réalisation d'un chiffre d'affaires en baisse, ni la baisse des bénéfices, ne sauraient à elles seules justifier de la réalité des difficultés économiques.
La perte d'un client ne saurait non plus constituer la justification de difficultés économiques justifiant une suppression de poste ; en revanche, la perte du client unique de l'entreprise justifie de la réalité des difficultés.
Il appartient au juge du fond de décider si les difficultés économiques, invoquées obligatoirement dans la lettre de licenciement, sont suffisantes ou non.

La réorganisation de l'entreprise

La réorganisation de l'entreprise peut également constituer un motif économique si elle est destinée à sauvegarder sa compétitivité.
Pour que la sauvegarde de la compétitivité soit retenue comme justifiant le motif économique de la suppression d'emploi, il faut qu'elle ait été effectuée pour sauvegarder réellement la compétitivité de l'entreprise et non pour augmenter les profits ou remettre en cause un statut des salariés jugé trop favorable à leur égard.
Si le juge du fond doit relever la sauvegarde de la compétitivité, il ne lui appartient pas, en revanche, d'apprécier le choix opéré pour ce faire par l'employeur.

À NOTER

Les difficultés économiques de l'entreprise et sa survie *Trois types de mesures sont prévues par la loi afin de faciliter la survie de l'entreprise ou organiser la cessation de son activité :*

- la procédure de sauvegarde : celle-ci intervient à la demande du dirigeant de l'entreprise avant toute cessation de paiement. Elle permet la poursuite de l'activité, le maintien de l'emploi (ce qui n'implique pas l'absence de licenciement pour motif économique) et l'apurement du passif ;

- en cas de cessation de paiement, c'est une procédure de redressement judiciaire qui est mise en place. Un plan de redressement est mis en place, visant, par le moyen de mesures financières ou de restructuration, à restaurer l'entreprise « in bonis » ;

- si le plan de redressement n'est pas possible ou s'il s'avère inefficace, le Tribunal de Commerce peut prononcer la liquidation judiciaire de l'entreprise. L'AGS (Association pour la gestion du régime de garantie des salaires) intervient pour le paiement des sommes dues au salarié (salaires, indemnités de préavis ou de licenciement). Dans le cas d'un plan de sauvegarde, seule la période d'observation antérieure au jugement et un délai d'un mois suivant celle-ci est prise en compte.

• Les mutations technologiques

L'introduction de nouvelles technologies dans l'entreprise peut constituer le motif légitime de suppression ou de modification d'emploi, et ce, même en l'absence de difficultés économiques. C'est ainsi que sera jugé licite le licenciement des salariés les moins qualifiés, incapables de s'adapter aux nouvelles techniques ou à des nouveaux instruments informatiques.

› Les obligations d'adaptation et de reclassement

Votre employeur est tenu de vous proposer des possibilités d'adaptation ou un reclassement dans un poste compatible avec votre qualification.

« Le licenciement pour motif économique d'un salarié ne peut intervenir que lorsque tous les efforts de formation et d'adaptation ont été réalisés et que le reclassement de l'intéressé ne peut être opéré dans l'entreprise ou dans les entreprises du groupe auquel l'entreprise appartient.

Le reclassement du salarié s'effectue sur un emploi relevant de la même catégorie que celui qu'il occupe ou sur un emploi équivalent, assorti d'une rémunération équivalente. À défaut, et sous réserve de l'accord exprès du salarié, le reclassement s'effectue sur un emploi de catégorie inférieure. Les offres de reclassement proposées au salarié sont écrites et précises » (art. L. 1233-4 du Code du travail).

Dans le cadre de votre contrat de travail, votre employeur est tenu d'assurer votre adaptation à l'évolution de votre emploi. Ceci implique qu'il doit vous assurer une formation complémentaire, afin de vous rendre apte à suivre et à répondre aux nouvelles techniques, technologies ou outils de travail mis en place.

Vous ne pouvez, d'autre part, être licencié pour raison économique sans que votre entreprise ait recherché, au sein de l'entreprise elle-même, ou au sein du groupe auquel elle appartient, une possibilité de reclassement.
Il s'agit pour l'entreprise d'une obligation de moyens et non de résultats. Elle doit prouver qu'elle a mis tous les moyens possibles en œuvre pour vous proposer un poste de reclassement.

Les procédures du licenciement économique

Les procédures du licenciement économique prennent principalement en compte le nombre de licenciements et la taille de l'entreprise concernée.

› La consultation des représentants du personnel

L'employeur doit dans tous les cas consulter les représentants du personnel, c'est-à-dire :
- le comité d'entreprise dans les entreprises de 50 salariés ou plus ;
- les délégués du personnel dans les entreprises de moins de 50 salariés.

L'employeur adresse aux représentants du personnel, en même temps que la convocation à la réunion, tous les renseignements concernant le projet de licenciement collectif :
- la ou les raisons économiques, financières ou techniques du projet de licenciement ;
- le nombre de licenciements envisagés ;
- les catégories professionnelles concernées et les critères proposés pour l'ordre des licenciements ;
- le nombre de salariés, permanents ou non, employés dans l'établissement ;
- le calendrier prévisionnel des licenciements ;
- les mesures de nature économique envisagées.

Dans les entreprises de moins de 50 salariés, l'employeur adresse aux représentants du personnel les mesures qu'il entend mettre en œuvre pour limiter le nombre de licenciements et faciliter le reclassement des personnels licenciés.
Dans les entreprises de plus de 50 salariés, l'employeur adresse au comité d'entreprise le plan de sauvegarde de l'emploi (voir *Le plan de sauvegarde de l'emploi (PSE)*, p. 55).
Dans ces mêmes entreprises, les représentants du personnel peuvent faire appel à un expert-comptable. La décision en est prise lors de la première réunion.
Dans le cas d'un licenciement de 10 salariés ou plus sur une période de 30 jours, comité d'entreprise ou délégués du personnel doivent être réunis à deux reprises.
Les deux réunions doivent se tenir dans un délai qui ne peut être supérieur à :
- 14 jours s'il s'agit des délégués du personnel ;
- 14 jours également pour les deux réunions du comité d'entreprise, si le nombre de licenciements est inférieur à 100 ;
- 21 jours si le nombre de licenciés se situe entre 100 et 250 ;
- 28 jours au-delà.

Sont assimilés à un licenciement de plus de 10 salariés sur une période de 30 jours, les licenciements successifs (plus de 10 salariés sur une période de 3 mois consécutifs).

› L'entretien préalable

L'entretien préalable n'est obligatoire que s'il s'agit d'un licenciement individuel, ou si le nombre de licenciements pour motif économique est inférieur à 10 pour une période de 30 jours.

La convocation à cet entretien et son déroulement obéissent à des règles analogues à celles concernant les licenciements pour motif personnel : envoi de la convocation par lettre recommandée ou remise en mains propres contre décharge, délai de 5 jours entre la convocation et la date de l'entretien, assistance d'un membre du personnel de l'entreprise…

› La lettre de licenciement

Dans les cas de licenciement individuel, ou si moins de 10 licenciements ont été décidés sur une même période de 30 jours, la notification du licenciement doit être faite par lettre recommandée avec accusé de réception. La lettre ne peut être envoyée avant un délai de 7 jours ouvrables (le délai est porté à 15 jours ouvrables pour le personnel d'encadrement).

La lettre de licenciement doit impérativement mentionner :

- les motifs économiques invoqués par l'employeur : la pertinence de ces motifs sera appréciée par le juge du fond ;
- la priorité de réembauchage et les modalités de sa mise en œuvre.

« Le salarié licencié pour motif économique bénéficie d'une priorité de réembauche durant un délai d'un an à compter de la date de rupture de son contrat s'il en fait la demande au cours de ce même délai.

Dans ce cas, l'employeur informe le salarié de tout emploi devenu disponible et compatible avec sa qualification. En outre, l'employeur informe les représentants du personnel des postes disponibles et affiche la liste de ces postes… » (art. L. 1233-45 du Code du travail).

Vous aurez droit à cette priorité de réembauchage, même en cas de départ volontaire dans le cadre du plan de sauvegarde de l'emploi, ou si le licenciement pour motif économique a été jugé sans cause réelle et sérieuse.

Si le licenciement économique concerne 10 salariés ou plus dans un délai de 30 jours, la notification du licenciement doit être faite, sauf disposition contraire plus favorable, dans un délai qui ne peut être inférieur à :

- 30 jours si le nombre de licenciements est inférieur à 100 ;
- 45 jours si le nombre de licenciements est compris entre 100 et 250 ;
- 60 jours au-delà.

Ce délai court à partir de la notification du projet de licenciement à l'autorité administrative.

Quel que soit le nombre de licenciés, ces délais ne sont pas applicables en cas de liquidation judiciaire ou de redressement.

› L'intervention de l'autorité administrative

Si le licenciement pour motif économique concerne moins de 10 salariés sur une période de 30 jours, l'employeur doit transmettre à la direction départementale du travail et de la formation professionnelle la liste des salariés licenciés, ainsi que, s'il y a lieu, le procès-verbal de la réunion des délégués du personnel ou du comité d'entreprise.

Dans le cas où le projet de licenciement concerne plus de 10 salariés sur une période de 30 jours, l'employeur doit notifier à la direction régionale des entreprises, de la concurrence, de la consommation, du travail et de l'emploi (DIRECCTE) le projet de licenciement. Si l'entreprise est dotée de représentants du personnel (comité d'entreprise ou délégués du personnel), cette notification ne sera faite qu'après un délai minimum d'un jour après la tenue de la première réunion. Elle devra comprendre tous éléments nécessaires sur la convocation et la tenue de cette réunion.

La notification devra également comprendre également la liste des salariés dont le licenciement est envisagé, ainsi que l'ensemble des informations communiquées aux représentants du personnel lors des différentes réunions.

La DIRECCTE doit vérifier si toutes les procédures prévues en fonction de la taille de l'entreprise et du nombre de licenciements ont bien été effectuées (plan de sauvegarde de l'emploi, consultation des instances représentatives du personnel, etc.). Elle dispose pour ce faire d'un délai de 21, 28 ou 35 jours selon le nombre de licenciements envisagés.

Si elle constate des irrégularités ou omissions, elle en informe l'entreprise, avec copie aux instances représentatives. L'employeur fournit de même ses justifications. Durant ce délai, les licenciements ne peuvent être notifiés.

› L'accompagnement des licenciements pour motif économique

● Le plan de sauvegarde de l'emploi (PSE)

Il est obligatoire depuis 1993 pour toute entreprise de plus de 50 salariés qui entend procéder au licenciement de plus de 10 salariés dans une période de 30 jours. Il a pour objectif d'éviter les licenciements ou, tout au moins, d'en limiter le nombre.

En outre :

- si, au cours d'une année civile, une entreprise d'au moins 50 salariés a procédé au licenciement pour motif économique de plus de 18 personnes sans avoir eu à présenter un plan de sauvegarde de l'emploi, elle doit soumettre le prochain licenciement envisagé au cours des 3 mois suivant la fin de l'année civile à la réglementation sur ces plans ;
- si une entreprise d'au moins 50 salariés a procédé pendant une période de 3 mois consécutifs à des licenciements pour motif économique de 10 personnes au total, sans atteindre 10 personnes dans une même période de 30 jours, elle doit soumettre tout nouveau licenciement économique envisagé au cours des 3 mois suivants à la réglementation sur les plans de sauvegarde de l'emploi ;

- lorsqu'au moins 10 salariés ont refusé la modification d'un élément substantiel de leur contrat de travail proposée par leur employeur pour un motif d'ordre économique, et que leur licenciement est envisagé, celui-ci est soumis aux dispositions applicables en cas de licenciement collectif pour motif économique, et notamment à l'obligation, pour l'employeur, d'établir et de mettre en œuvre un plan de sauvegarde de l'emploi.
« Le plan de sauvegarde de l'emploi prévoit des mesures telles que :
1°) Des actions en vue du reclassement interne des salariés sur des emplois relevant de la même catégorie d'emplois, ou équivalents à ceux qu'ils occupent ou, sous réserve de l'accord exprès des salariés concernés, sur des emplois de catégorie inférieure ;
2°) Des créations d'activités nouvelles par l'entreprise ;
3°) Des actions favorisant le reclassement externe à l'entreprise, notamment par le soutien à la réactivation du bassin d'emploi ;
4°) Des actions de soutien à la création d'activités nouvelles ou à la reprise d'activités existantes par les salariés ;
5°) Des actions de formation, de validation des acquis de l'expérience ou de reconversion de nature à faciliter le reclassement interne ou externe des salariés sur des emplois équivalents ;
6°) Des mesures de réduction ou d'aménagement du temps de travail ainsi que des mesures de réduction du volume des heures supplémentaires réalisées de manière régulière lorsque ce volume montre que l'organisation du travail de l'entreprise est établie sur la base d'une durée collective manifestement supérieure à 35 heures hebdomadaires ou 1 600 heures par an et que sa réduction pourrait préserver tout ou partie des emplois dont la suppression est envisagée » (art. L. 1233-62 du Code du travail).
Le PSE est obligatoire même si le seuil de 50 licenciés est atteint à la suite du refus de certains salariés d'accepter les modifications proposées à leur contrat de travail.
Le PSE fait l'objet d'un suivi, régulier et détaillé, par les instances représentatives du personnel, et d'une information à la DIRECCTE, qui peut y proposer des améliorations.

Le congé de reclassement

Dans les entreprises dont les effectifs dépassent 1 000 salariés, l'employeur est tenu de proposer à chaque salarié dont le licenciement est envisagé un congé de reclassement dont l'objet est de « permettre au salarié de bénéficier d'actions de formation et des prestations d'une cellule d'accompagnement des démarches de recherche d'emploi » (art. L. 1233-71 du Code du travail).
Ce congé ne peut excéder 9 mois. Il inclut la période de préavis que le salarié licencié n'est plus tenu d'effectuer. Au-delà de la période de préavis (pendant laquelle la rémunération est maintenue à la charge de l'entreprise), une allocation de conversion est versée au salarié.
Le terme du contrat de travail est reporté à la fin du congé de reclassement.
Le congé de reclassement n'est pas applicable aux entreprises en liquidation ou en redressement judiciaire.

La convention de reclassement personnalisé (CRP)

Dans les entreprises de moins de 1 000 salariés (qui ne bénéficient donc pas du congé de reclassement), l'employeur doit proposer au salarié licencié pour motif économique une convention de reclassement personnalisé.
« Cette convention lui permet de bénéficier, après la rupture de son contrat de travail, d'actions de soutien psychologique, d'orientation, d'accompagnement, d'évaluation des compétences professionnelles et de formation destinées à favoriser son reclassement » (art. L. 1233-65 du Code du travail).
Le salarié peut refuser ou accepter cette convention. Dans ce dernier cas, le contrat de travail est réputé rompu d'un commun accord.
Le salarié perd de ce fait ses droits à l'indemnité de préavis dans la limite de 2 mois. Il conserve, par contre, ses droits à l'indemnité de licenciement.
Pendant la durée de la CRP, le salarié bénéficie du statut de stagiaire de la formation professionnelle (voir p. 112).

La revitalisation des bassins d'emploi

Cette procédure particulière ne concerne que les entreprises de plus de 1 000 salariés.
Elle ne vous concerne pas, vous, salarié licencié, directement, mais peut éventuellement vous permettre un reclassement, à terme, dans votre région.

› Les indemnités en cas de licenciement économique

L'indemnité de préavis

Le motif économique de votre licenciement ne dispense ni votre employeur ni vous-même d'effectuer le préavis prévu légalement ou par convention.
En dehors des cas mentionnés ci-dessus (congé de reclassement ou convention de reclassement personnalisé), si vous n'avez pas la possibilité, du fait de votre employeur, de travailler pendant cette période de préavis, vous devez bénéficier d'une indemnité compensatrice, calculée de même façon que pour toute autre cause de licenciement.
« Lorsque le licenciement n'est pas motivé par une faute grave, le salarié a droit :
1° S'il justifie chez le même employeur d'une ancienneté de services continus inférieure à six mois, à un préavis dont la durée est déterminée par la loi, la convention collective ou l'accord collectif de travail ou, à défaut, par les usages pratiqués dans la localité ou la profession ;
2° S'il justifie chez le même employeur d'une ancienneté de services continus comprise entre six mois et moins de deux ans, d'un préavis d'un mois ;
3° S'il justifie chez le même employeur d'une ancienneté de services continus d'au moins deux ans, d'un préavis de deux mois.
Toutefois, les dispositions des 2° et 3° ne sont applicables que si la loi, la convention ou l'accord collectif de travail, le contrat de travail ou les usages ne prévoient pas un préavis ou une condition d'ancienneté de services plus favorable pour le salarié » (art. L. 1234-1 du Code du travail).

En clair, vous avez droit à un délai de prévenance (parfois appelé « délai-congé ») minimum avant de devoir cesser votre contrat.
Les délais généralement prévus par les conventions collectives sont souvent plus favorables que les délais légaux rappelés ci-dessus : reportez-vous à votre convention collective.
Si votre employeur souhaite vous voir quitter l'entreprise sans délai, il peut vous dispenser d'effectuer celui-ci. Il doit, en revanche, vous verser le salaire afférent à cette période, y compris les congés payés, primes et rémunération variable s'il y a lieu. La dispense du préavis doit être sans ambiguïté : il est donc préférable qu'elle soit faite par écrit.

L'indemnité de licenciement

Votre indemnité est calculée sur les mêmes bases que celles du licenciement pour motif personnel.
« L'indemnité de licenciement ne peut être inférieure à un cinquième de mois de salaire par année d'ancienneté, auquel s'ajoutent deux quinzièmes de mois par année au-delà de dix ans d'ancienneté » (art. R. 1234-2 du Code du travail).

Cas pratique

Si vous avez une rémunération de 1 800 € par mois et 14 ans d'ancienneté dans l'entreprise, vous aurez ainsi droit (sauf disposition conventionnelle plus favorable) à une indemnité de :
(1 800 x 10/5°) + (1 800 x 4/5° + 1 800 x 8/15°) = 3 600 + 1 440 + 2 880 = 7 920 €
Le salaire brut mensuel à prendre en considération est soit la moyenne des 12 derniers mois, soit celle des 3 derniers mois.

On peut comprendre les réactions de personnel licencié après toute une vie professionnelle au sein d'une entreprise.

Les protections particulières

Certaines situations spécifiques ont conduit le législateur à prévoir une protection particulière dans deux situations bien différentes.

La protection de la grossesse et de la maternité

Le premier cas de protection particulière vous concerne, vous, Madame, si vous attendez un heureux événement, mais peut aussi vous concerner, vous, Monsieur, en cas de congé d'adoption ou de congé parental.

« Aucun employeur ne peut rompre le contrat de travail d'une salariée lorsqu'elle est en état de grossesse médicalement constaté et pendant l'intégralité des périodes de suspension du contrat de travail auxquelles elle a droit au titre du congé de maternité, qu'elle use ou non de ce droit, ainsi que pendant les 4 semaines suivant l'expiration de ces périodes.

Toutefois, l'employeur peut rompre le contrat s'il justifie d'une faute grave de l'intéressée, non liée à l'état de grossesse, ou de son impossibilité de maintenir ce contrat pour un motif étranger à la grossesse ou à l'accouchement. Dans ce cas, la rupture du contrat de travail ne peut prendre effet ou être notifiée pendant les périodes de suspension du contrat de travail mentionnées au premier alinéa » (art. L. 1225-4 du Code du travail).

› Qui est protégé ?

Les femmes en état de grossesse

Elles doivent fournir à leur employeur un certificat médical attestant de leur état. Ce certificat est remis à l'employeur contre récépissé ou par lettre recommandée.

Il doit préciser l'état de grossesse, bien sûr, et également la date présumée de l'accouchement, ainsi que, s'il y a lieu, l'existence et la durée prévisible de l'état pathologique nécessitant un allongement de la période de suspension du contrat de travail.

Rétroactivement, le licenciement d'une salariée est annulé si la salariée envoie (lettre recommandée), dans un délai de 15 jours suivant la notification de son licenciement, un certificat médical justifiant qu'elle est enceinte.

Les femmes pendant la durée de leur congé maternité

Cette protection s'applique également au salarié (père et/ou mère) bénéficiant d'un congé d'adoption.

Il est également interdit à un employeur de mettre fin à une période d'essai en raison de la grossesse de la salariée.
La protection a également été retenue pour les salariés bénéficiant d'un congé parental d'éducation.

› La période de protection

Cette période débute à la présentation de l'attestation médicale de grossesse ou de l'autorisation administrative d'adoption (avec rétroactivité de 15 jours, voir page précédente).
Elle perdure pendant toute la durée du congé maternité, ou du congé d'adoption, soit :
- 6 semaines avant la date présumée de l'accouchement et 10 semaines après celle-ci (sauf décalage autorisé médicalement) pour les salariées primipares ;
- 12 semaines avant et 22 semaines après l'accouchement pour des naissances gémellaires ;
- 24 semaines avant et 22 semaines après l'accouchement pour la naissance de triplés, ou plus ;
- 8 semaines avant et 18 semaines après la date présumée d'accouchement pour les salariées multipares (à partir du troisième enfant) ;
- 10 semaines en cas de primo adoption, 18 semaines, à partir de la troisième adoption et 22 semaines en cas d'adoption multiple.

Elle persiste 4 semaines après l'expiration de ces périodes.

› L'étendue de la protection

L'employeur ne peut procéder au licenciement d'une femme enceinte, sauf en cas de faute grave ou d'impossibilité de maintenir le contrat.
La faute invoquée à l'encontre de la salariée en état de grossesse doit être grave (voir *Le licenciement pour faute grave*, p. 36) et elle doit être indépendante de son état de grossesse.
La grossesse peut parfois atténuer les circonstances de la faute grave et rendre ainsi impossible le licenciement.
L'impossibilité de maintenir le contrat de travail résulte de circonstances indépendantes de l'état de grossesse ou de l'accouchement. Ainsi, pourra constituer une impossibilité de maintenir le contrat de travail le refus par la salariée enceinte d'accepter une mutation ne portant pas atteinte à ses conditions de travail.

Les salariés protégés

Toute autre est la protection des élus du personnel, des titulaires de mandats syndicaux, dont le législateur a tenu à assurer l'indépendance, en mettant en place une protection spécifique contre le licenciement.

› La protection en cas de licenciement

Qui est concerné ?

Pouvez-vous bénéficier de cette protection ?
« Bénéficie de la protection contre le licenciement prévu par le présent chapitre, y compris lors d'une procédure de sauvegarde, de redressement ou de liquidation judiciaire, le salarié investi de l'un des mandats suivants :
1°) Délégué syndical ;
2°) Délégué du personnel ;
3°) Membre du comité d'entreprise ;
4°) Représentant syndical au comité d'entreprise ;
5°) Membre du groupe spécial de négociation et membre du comité d'entreprise européen ;
6°) Membre du groupe spécial de négociation et représentant au comité de la société européenne ;
6° bis) Membre du groupe spécial de négociation et représentant au comité de la société européenne ;
6° ter)Membre du groupe spécial et représentant au comité de la société issue de la fusion transfrontalière ;
7°) Représentant du personnel au comité d'hygiène, de sécurité et des conditions du travail ;
8°) Représentant du personnel d'une entreprise extérieure, désigné au comité d'hygiène, de sécurité et des conditions de travail d'un établissement comprenant au moins une installation classée figurant sur la liste prévue au IV de l'article L. 515-8 du Code de l'environnement ou mentionnée à l'article 3-1 du Code minier ;
9°) membre d'une commission paritaire d'hygiène, de sécurité et des conditions de travail en agriculture prévue à l'article L. 717-7 du Code rural ;
10°) Salarié mandaté, dans les conditions prévues à l'article L. 2232-24 dans les entreprises dépourvues de délégué syndical ;
11°) Représentant des salariés mentionné à l'article L. 662-4 du Code de commerce lors d'un redressement ou d'une liquidation judiciaire ;
12°) Représentant des salariés au conseil d'administration ou de surveillance des entreprises du secteur public ;
13°) Membre du conseil d'administration ou administrateur d'une caisse de Sécurité sociale mentionné à l'article L. 231-11 du Code de la Sécurité sociale ;
14°) Membre du conseil d'administration d'une mutuelle, union ou fédération, mentionné à l'article L. 114-24 du Code de la mutualité ;
15°) Représentant des salariés dans une chambre d'agriculture, mentionné à l'article L. 515-1 du Code rural ;
16°) Conseiller du salarié sur une liste dressée par l'autorité administrative et chargé d'assister les salariés convoqués par leur employeur en vue d'un licenciement ;
17°) Conseiller prud'homme » (art. L. 2411-1 du Code du travail).

Les mesures de protection sont applicables pendant le temps d'exercice du mandat, mais elles couvrent également une période postérieure à cet exercice : les délégués syndicaux sont protégés pendant une période de 12 mois après la fin de leur mission. Délégués du personnel ou membres du comité d'entreprise sont moins bien protégés : seulement pendant 6 mois après la fin de leurs mandats. Il en est de même des conseillers prud'hommes.
La protection s'exerce, enfin, avant même la prise de fonction : une sorte de « période suspecte » est établie dès le dépôt de candidature d'un membre élu, ou dans l'imminence de la désignation d'un délégué syndical.
Cette protection est étendue au salarié qui a demandé à son employeur l'organisation des élections (comité d'entreprise ou délégués du personnel). Elle est dans ce cas limitée à 1 mois, et ne peut concerner qu'une personne par organisation syndicale.
Notons, enfin, que cette protection est étendue aux titulaires de contrat à durée déterminée, et que le non-renouvellement d'un CDD qui comportait une clause de renouvellement doit obtenir l'autorisation préalable de l'administration.

› Les procédures d'autorisation

Pour les titulaires d'un mandat non électif (délégués syndicaux, conseillers du salarié...), il est nécessaire d'obtenir l'autorisation de l'inspecteur du travail.
Pour les représentants élus du personnel (membres du comité d'entreprise, délégués du personnel, membres du CHSCT), ainsi que pour les représentants syndicaux auprès du comité d'entreprise, l'avis du comité d'entreprise sur le projet de licenciement est nécessaire. S'il n'y a pas de comité d'entreprise, l'inspecteur du travail est directement saisi.
Dans les deux cas, en présence d'une faute grave, une mise à pied conservatoire peut être décidée et soumise dans les 48 heures à l'inspecteur du travail.
Il appartient à l'inspecteur du travail, sous le contrôle hiérarchique du ministère du Travail et sous le contrôle judiciaire du tribunal administratif, d'autoriser ou de refuser, après enquête éventuellement, le licenciement du salarié protégé.

À NOTER

Licenciement sans autorisation administrative préalable *Lorsque l'employeur rompt le contrat de travail d'un salarié protégé en violation du statut protecteur, c'est-à-dire sans avoir sollicité une autorisation administrative ou malgré un refus de cette autorisation, il s'expose à des sanctions particulièrement lourdes. L'indemnisation peut aller jusqu'à plusieurs années de salaire.*

Quels sont les recours pour contester votre licenciement ?

➤ Vous venez de recevoir la notification de votre licenciement. Même si vous êtes encore « sous le choc » (bien que prévenu par l'entretien préalable), vous devez réagir.

➤ Avant tout, n'hésitez pas en parler à votre famille, à vos amis, à vos collègues.

➤ Puis, prenez rendez-vous avec Pôle emploi pour connaître et ouvrir vos droits.

➤ Enfin, si après réflexion vous souhaitez contester votre licenciement et hésitez entre assumer tout seul le suivi de la procédure, consulter un avocat ou faire appel à un conseiller syndical, nous vous déconseillons formellement la première hypothèse.

Qui peut vous aider dans votre démarche judiciaire ?

Vous avez tout intérêt à être accompagné dans votre démarche, pour des raisons juridiques d'une part, le droit des licenciements est un domaine complexe, pour des raisons personnelles d'autre part, il est en effet toujours difficile d'être objectif sur un sujet qui vous a touché personnellement. Selon l'article R. 1453-2 du Code du travail, vous avez le choix entre plusieurs possibilités : « les salariés de l'entreprise appartenant à la même branche d'activité ; les délégués permanents ou non permanents des organisations d'employeurs et de salariés ; le conjoint, le partenaire lié par un acte de solidarité ou le concubin ; les avocats. »

Un avocat

Vous n'êtes pas obligé de « prendre » un avocat pour vous conseiller et vous représenter au Conseil de prud'hommes ou à la cour d'appel.
En revanche, si, mécontent des décisions successives de ces deux instances (ou si votre adversaire le fait pour sa part), vous décidez de vous pourvoir en cassation, l'assistance d'un spécialiste sera obligatoire : l'avocat aux Conseils.

› Son rôle de conseil

Votre avocat a une première mission, celle de vous conseiller.
Il vous indiquera tout d'abord les chances de réussite d'une éventuelle saisine du Conseil de prud'hommes. Il vous assistera dans les démarches à effectuer ou les fera à votre place.
Il vous aidera à constituer votre dossier, à rassembler les preuves qui devront être fournies aux juges. Il suivra la procédure, vous évitera les oublis, veillera au respect des délais.

› Son rôle de représentation

Vous n'êtes pas tenu de vous présenter en personne devant les juges lors des différentes phases de la procédure. Il vous est cependant vivement conseillé de le faire, notamment lors de l'audience de conciliation.
Si vous ne pouvez être présent, votre avocat vous représentera dans tous les actes de la procédure.

› Comment choisir votre avocat ?

Accorder votre préférence à un avocat spécialiste du droit du travail.
Vous en obtiendrez la liste en vous adressant au barreau de votre ville. Puis, vous trouverez facilement leurs coordonnées sur Internet.

Internet est également un bon support pour trouver la liste départementale ou locale de tous les avocats spécialisés en droit du travail.
Les organisations syndicales peuvent aussi vous aider dans cette recherche.
Parlez-en à vos collègues, à vos amis : certains ont peut-être rencontré les mêmes problèmes et pourront vous conseiller un avocat.
Une suggestion : assistez à une audience du Conseil de prud'hommes voisin : vous aurez un avant-goût de la manière dont se déroule un procès et pourrez apprécier les qualités des avocats présents des deux côtés de la barre. Mais ne vous laissez pas abuser par des plaidoiries trop brillantes : les effets de manche et les envolées lyriques convainquent rarement à elles seules les juges…

› Les « avocats aux Conseils »

Si vous n'êtes pas satisfait des décisions de première instance (celles du Conseil de prud'hommes), vous pouvez faire appel. Votre litige sera rejugé totalement.
Mais si l'arrêt de la cour d'appel ne vous est pas assez favorable, ou s'il ne l'est pas à votre ex-employeur, l'une des deux parties pourra se pourvoir en cassation.
À ce niveau, vous n'aurez pas le choix, vous devrez faire appel à un avocat à la Cour de cassation et au Conseil d'État qui seul est habilité à intervenir devant ces deux instances.
Votre avocat (de base) saura vous conseiller ; à défaut, vous en trouverez la liste sur Internet.

› Le coût d'un avocat

Les honoraires d'un avocat

Les honoraires sont libres : chaque avocat est libre de vous demander ce qu'il veut. Il est donc important que vous vous entendiez avec lui sur les sommes que vous aurez à débourser dès le début du premier entretien.
En pratique, trois modes de rémunération sont couramment pratiqués :
- des honoraires au forfait : une somme est convenue globalement pour le traitement de l'ensemble du dossier ;
- une convention prévoyant un « fixe forfaitaire » majoré d'une « variable » en fonction du résultat obtenu (cela peut être un pourcentage du montant de l'indemnisation que vous percevrez) ;
- une rémunération au temps passé à travailler sur votre affaire.
À la rémunération de l'avocat, il faut ajouter le remboursement des frais qu'il va engager pour défendre votre dossier : huissiers, déplacements, etc.

MON CONSEIL

Vous pouvez demander un devis à un avocat, ou établir une convention d'honoraires (voir p. 138).

Les honoraires d'un avocat aux Conseils

Les honoraires d'un avocat aux Conseils peuvent dépasser 5 000 €.

Heureusement, vous pouvez, sous certaines conditions, bénéficier de l'« aide juridictionnelle ». À condition de ne pas dépasser un certain plafond de revenus, vos frais d'avocat seront pris en charge totalement ou partiellement par l'État.
Le barème de ressources à prendre en compte est au 1er janvier 2011 de :
- revenus mensuels inférieurs ou égaux à 929 € : prise en charge à 100 % ;
- revenus mensuels compris entre 930 et 971 € : 85 % ;
- revenus mensuels compris entre 972 et 1 024 € : 70 % ;
- revenus mensuels compris entre 1 025 et 1 098 € : 55 % ;
- revenus mensuels compris entre 1 099 et 1 182 € : 40 % ;
- revenus mensuels compris entre 1 183 et 1 288 € : 25 % ;
- revenus mensuels compris entre 1 289 et 1 393 € : 15 %.
Aux montants ci-dessous indiqués, s'ajoutent :
- 167 € pour chacune des deux premières personnes vivant au domicile du demandeur (enfants, conjoint, concubin, ou partenaire d'un PACS) ;
- 106 € à partir de la troisième personne.

Cas pratique

Une personne mariée avec trois enfants se verra rembourser ses frais d'avocat si ses revenus sont inférieurs à 1 369 €.

Pour bénéficier de l'aide juridictionnelle, vous devez remplir un formulaire que vous vous serez procuré à votre mairie ou au tribunal de grande instance, le renvoyer dûment rempli accompagné des pièces demandées (notamment l'avis d'imposition) au greffe du tribunal de grande instance, s'il s'agit du Conseil de prud'hommes, à celui de la cour d'appel, si c'est elle qui est saisie.
En cas de pourvoi en cassation, c'est le greffe de cette instance qui vous remettra le formulaire à remplir.
Si votre avocat accepte l'aide juridictionnelle, vous indiquerez son nom et ses coordonnées sur le formulaire. Dans le cas contraire, un avocat d'office sera désigné.

Les permanences juridiques

Les barreaux et les mairies organisent souvent des permanences juridiques. Pour un premier éclairage sur vos chances d'obtenir satisfaction, ce peut être une première démarche utile.
Des avocats du barreau de Paris et de certaines autres villes assurent des permanences téléphoniques au travers de SOS Avocats (tél. : 0 825 39 33 00). Ils peuvent, au cours d'une consultation gratuite, vous conseiller et vous indiquer la marche à suivre.
Des statistiques du ministère de la Justice indiquent que vos chances de gagner sont nettement plus importantes si vous êtes assisté par un avocat ou un conseiller syndical : 23,4 % de chances si vous vous défendez tout seul, contre 57,7 % si vous êtes assisté. De plus, les montants indemnisés sont plus importants.

Les autres aides juridiques pouvant vous assister et/ou vous représenter

En dehors de l'avocat, qui est, lui, dispensé de devoir présenter une procuration en bonne et due forme et de prouver son identité, vous pouvez être assisté et/ou représenté par :
- un salarié appartenant à la même branche d'activité ;
- un délégué syndical ;
- votre conjoint, partenaire ou concubin.

Les autres membres de votre famille ne sont pas habilités à vous représenter ni même à vous assister à l'audience.

Votre représentant doit pouvoir présenter au juge un mandat de votre part pour assurer votre représentation ainsi que tout document attestant de son identité.

Un conseiller prud'homme ne peut exercer un mandat de représentation devant le Conseil dont il est membre.

L'assistance/représentation d'un délégué syndical peut présenter deux avantages :
- il est moins onéreux que l'avocat : remboursement des frais et cotisation sont souvent suffisants ;
- il connaît très bien en principe le secteur professionnel, voire l'entreprise qui était la vôtre ;
- en revanche, il n'a pas forcément les mêmes compétences juridiques qu'un avocat.

Si vous optez pour cette solution, demandez les adresses à vos délégués d'entreprise ou adressez-vous à la fédération syndicale départementale. Vous trouverez en fin d'ouvrage les coordonnées des principales fédérations nationales.

Le Conseil de prud'hommes est le juge compétent pour juger votre affaire en première instance

Les Conseils de prud'hommes constituent une juridiction spécialisée dans les litiges relevant du droit du travail. Ils sont composés, non pas de magistrats professionnels, mais de conseillers élus par les salariés et les employeurs. Ils ont l'avantage de bien connaître la vie des entreprises.

Origine et statut actuel

Vous trouverez ci-après quelques rappels sur l'origine et le statut des Conseils de prud'hommes.
Si vous voulez en savoir plus sur les prud'hommes, vous vous reporterez avec intérêt au guide pratique paru dans la même collection, *Prud'hommes : se défendre et gagner*.

› Un peu d'histoire

Preux, ou *prode*, est à l'origine de nos prud'hommes actuels : les prud'hommes sont des gens utiles.
Dès le XIIIe siècle, on les voit apparaître dans les corporations comme « défenseurs des métiers », les « prud'femmes » étant chargées de défendre leurs collègues dans les corporations féminines.
Nos actuels Conseils de prud'hommes ont une origine plus récente, une loi de 1806, créant un Conseil de prud'hommes à Lyon, dans la droite ligne des tribunaux chargés de régler les conflits entre soyeux et canuts.
C'est une loi de 1848 qui établit la parité entre salariés et employeurs, et qui organise les élections des conseillers. Encore fallait-il savoir lire pour être éligible !
C'est donc au cours du XIXe siècle que se dessine la structure prud'homale. Des lois de 1907 et 1908 mettent en place une véritable juridiction sociale, et permettent l'éligibilité des femmes (loi dite des prud'femmes).
En 1979, l'institution des prud'hommes est généralisée sur tout le territoire, la durée du mandat des conseillers est fixée à 5 ans.
Mais, en 2008, la réforme de la carte judiciaire va réduire le nombre de Conseils. Ce sont les prémices de la disparition d'une institution qui n'a pas l'heur de plaire à tout le monde (y compris de nombreux magistrats professionnels).

› Composition et organisation actuelles

Il y a au moins un Conseil de prud'hommes dans le ressort géographique de chaque tribunal de grande instance.

Chaque conseil est composé (sauf exception, la section agriculture n'existant pas dans tous les conseils) de 5 sections :
- industrie ;
- commerce ;
- activités diverses ;
- agriculture ;
- encadrement.

Chaque section est composée d'un bureau de conciliation et d'un bureau de jugement. Le bureau de conciliation est formé d'un conseiller salarié et d'un conseiller employeur, la présidence en étant assurée alternativement. Le bureau de jugement est composé de deux conseillers salariés et de deux conseillers employeurs, la présidence du bureau revenant à tour de rôle à chacun des deux collèges.
Enfin, chaque Conseil dispose d'une formation de référé à qui incombe la responsabilité des litiges nécessitant des décisions urgentes. Elle est composée de deux conseillers, un salarié et un employeur.

› Statistiques des Conseils de prud'hommes

Il ressort d'une étude du ministère de la Justice portant sur l'année 2007 que, cette année-là, les Conseils de prud'hommes ont traité 151 000 affaires au fond et 41 000 affaires en référé (voir plus loin les définitions).
Cette même étude constate que la grande majorité des dossiers traités (93 %) concerne des ruptures du contrat de travail (licenciement, prise d'acte de rupture, démission…).
L'analyse des jugements prononcés indique que dans 71 % des cas, les jugements ont été favorables aux demandeurs (les salariés dans pratiquement dans tous les cas).
Seulement 10 % des cas aboutissent à une conciliation.
Il faut compter en moyenne 15,3 mois d'attente entre l'audience de conciliation et celle de jugement.
Notons enfin que 65,2 % de jugements des CPH font l'objet d'un appel : ils sont confirmés dans 54,8 % des cas.

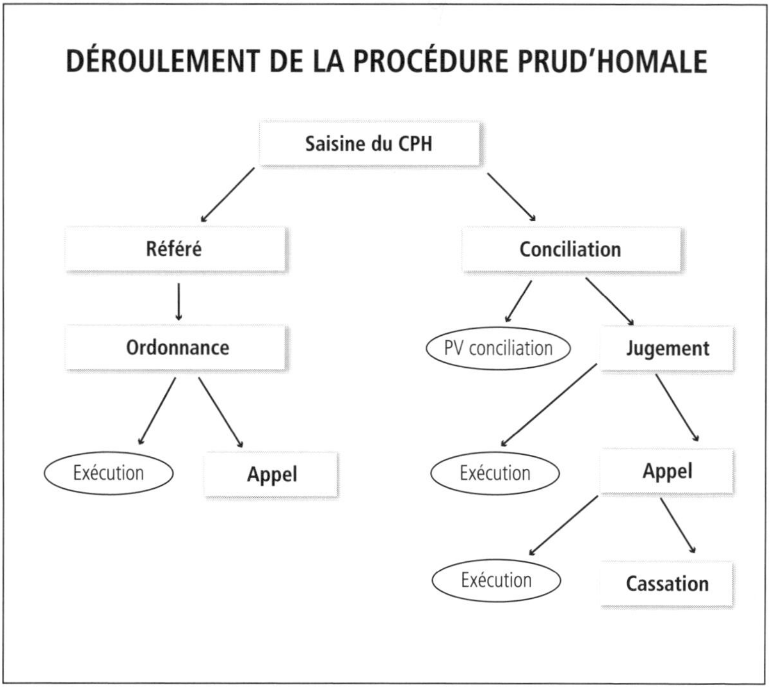

La saisine du Conseil de prud'hommes

Si vous avez décidé de porter le différend concernant votre licenciement qui vous oppose à votre employeur, vous devez saisir le Conseil de prud'hommes compétent (voir en fin d'ouvrage la liste et les adresses des Conseils de prud'hommes).
« Le Conseil de prud'hommes règle par voie de conciliation les différends qui peuvent s'élever à l'occasion de tout contrat de travail soumis aux dispositions du présent code entre les employeurs, ou leurs représentants, et les salariés qu'ils emploient. Il juge les litiges lorsque la conciliation n'a pas abouti » (art. L. 1411-1 du Code du travail).
Le Conseil de prud'hommes est ainsi compétent pour les litiges nés de l'application du Code du travail : c'est bien à lui que vous devez soumettre le différend qui vous oppose à votre employeur concernant la rupture de votre contrat de travail ou votre licenciement.

› Quel est le Conseil compétent ?

Géographiquement (compétence *rationae loci*), vous devez saisir le Conseil dans le ressort duquel se situe l'établissement où vous travaillez (voir les adresses en fin d'ouvrage).

Si vous travaillez à votre domicile, ou en dehors d'un établissement déterminé, vous avez le choix de saisir soit le Conseil du lieu où est situé votre domicile, soit celui où votre contrat de travail a été signé.

› Quelle est la section du Conseil compétente ?

- Si vous êtes ingénieur (ou si vous avez une formation équivalente), ou si, en fonction de votre formation, vous exercez une fonction de commandement par délégation de l'entreprise, ou si, agent de maîtrise, vous disposez d'une délégation écrite de commandement, vous devez saisir la section encadrement (art. L. 1441-6 du Code du travail).
- De même si vous relevez de la catégorie des VRP (voyageurs, représentants, placiers).
- Si vous êtes ouvrier ou employé de l'industrie, vous saisirez la section industrie.
- Si vous êtes ouvrier ou employé du commerce et des services commerciaux, vous relevez de la section commerce.
- Si vous êtes ouvrier ou employé des professions agricoles, vous relevez de la section agriculture.
- Enfin, si vous n'appartenez à aucune des professions ci-dessus, ou si vous êtes employé de maison, concierge ou gardien d'immeuble, vous devrez saisir la section activités diverses.

› Comment saisir le Conseil ?

Quelle démarche devez-vous faire pour que votre demande soit prise en compte ?

Vous pouvez directement saisir le bureau de conciliation.

« Le Conseil de prud'hommes est saisi soit par une demande, soit par la présentation volontaire des parties devant le bureau de conciliation » (art. R. 1452-1 du Code du travail).

Cette possibilité de se présenter avec l'employeur devant le bureau de conciliation est rarement mise en œuvre.

Le plus simple et le plus efficace est de vous rendre au Conseil compétent et de remplir, avec attention, le formulaire prérédigé qui vous sera remis.

Dans le cas qui est le vôtre, celui d'un licenciement :

- Cochez la case « Demande de convocation devant le bureau de conciliation » (c'est le cas général en matière de licenciement, sauf en cas de sauvegarde, règlement ou de liquidation judiciaire, ou si vous êtes administrateur salarié).
- Remplissez tous les renseignements vous concernant (nom, prénom, adresse, emploi...). Ces renseignements vous seront à nouveau demandés en préliminaires à l'audience de conciliation.
- Les questions concernant votre éventuel statut de cadre et l'activité de l'entreprise servent à déterminer la section du Conseil compétente. Soyez vigilant dans vos réponses, une erreur pouvant entraîner l'incompétence de la section retenue, prolongeant ainsi la longueur de la procédure.
- Vous trouverez le code NAF sur votre bulletin de paie.

- L'indication de la convention collective qui vous est applicable figure également sur votre bulletin de paie. C'est une précision importante car votre convention peut ouvrir droit à des avantages spécifiques plus importants. Votre employeur doit vous permettre la consultation de la convention collective applicable.
- La nature de la rupture (licenciement pour motif personnel ou économique) doit être indiquée sur votre lettre de licenciement.
- Indiquez si vous faites appel à l'aide juridictionnelle.
- Précisez le nom de votre avocat ou de votre représentant si vous l'avez déjà choisi. Vous pourrez de toute façon en changer tout au long de la procédure.
- Vérifiez les dénominations exactes de l'entreprise qui vous employait et son statut juridique, si c'est une société, ou les coordonnées de votre patron si c'est une personne physique.
- Il vous est ensuite demandé la nature et le montant des réparations financières (voir p. 73) que vous réclamez (les chefs de demande et leur quantum). Si vous avez un conseil, il est important d'analyser celles-ci avec lui, mais, soyez rassuré, vous pourrez les modifier à chacune des phases du procès.
- L'ensemble de vos demandes liées à l'exécution de votre contrat de travail doivent être présentées simultanément (unicité de l'instance).

« Toutes les demandes liées au contrat de travail entre les mêmes parties, font, qu'elles émanent du demandeur ou défendeur, l'objet d'une seule instance. Cette règle n'est pas applicable lorsque le fondement des prétentions est né ou révélé postérieurement à la saisine du Conseil de prud'hommes » (art. R. 1452-6 du Code du travail).

Vous ne pourrez pas en tout état de cause modifier vos demandes devant le Conseil de prud'hommes après le début de l'audience de jugement. C'est la règle de l'unicité de jugement.

Si des documents obligatoires ne vous ont pas été remis (certificat de travail, attestation Pôle emploi, solde de tout compte), vous le mentionnez également sur le formulaire.

Vous pourrez également demander à vous faire rembourser des frais que vous avez engagés pour la défense de vos intérêts (article 700 du Code de procédure civile).

› Dans quels délais devez-vous agir ?

Depuis une loi de 2008, la prescription est de 5 ans pour toutes les affaires civiles, donc celle qui nous concerne présentement (prescription quinquennale). Cela signifie que vous ne pouvez plus saisir le Conseil de prud'hommes passé le délai de 5 ans après les faits que vous contestez. Cela concerne toutes les demandes liées à votre licenciement.

Il y a cependant des exceptions à cette règle :

- tout d'abord, une instance introduite avant le 18 juin 2008 (date de la loi) ne se verra pas opposer cette prescription quinquennale, mais la prescription en vigueur à cette date pour le litige évoqué ;
- échappent également à cette prescription les actions contestant la régularité ou la validité d'un licenciement économique collectif d'au moins 10 personnes dans

une entreprise de plus de 50 salariés. Dans ce cas, la prescription est de 12 mois à compter de la notification du licenciement ;
- est également de 12 mois la prescription visant l'homologation ou le refus d'homologation d'une rupture conventionnelle (voir *Les différends liés à l'application ou l'homologation de la convention*, p. 91).

Quelles demandes pouvez-vous faire ?

Vous venez d'être licencié et vous contestez cette mesure prise à votre encontre. Vous sollicitez donc d'abord du Conseil de prud'hommes qu'il dise le licenciement infondé ou dépourvu de cause réelle et sérieuse.
Dans un second temps, vous lui demandez, éventuellement, de vous réintégrer à l'entreprise, mais, le plus souvent de vous rétablir dans vos droits.
Vous lui demandez par ailleurs de compenser financièrement les préjudices divers que vous avez subis.
Vous êtes en droit de lui réclamer les documents de fin de contrat qui ne vous ont pas été remis ou qui ne sont plus conformes à la décision que vous demandez au Conseil.
Vous pouvez aussi, en application de l'article 700 du Code de procédure civile, demander à être indemnisé des frais d'avocat et de procédure.
C'est également le moment (et le dernier à cause de l'unicité d'instance de solder l'ensemble des litiges que vous pouvez avoir avec votre ancien employeur : rappel de salaire, éléments variables, congés payés non pris, remboursement de frais, etc.
Pour toutes ces sommes que vous réclamez, vous pouvez demander au Conseil de prononcer l'exécution provisoire, assortie des intérêts légaux, voire de la capitalisation de ceux-ci (anatocisme).

› L'annulation du licenciement

C'est la demande essentielle qui ouvre la voie aux autres demandes.
« En cas de litige, le juge, à qui il appartient d'apprécier la régularité de la procédure suivie et le caractère réel et sérieux des motifs invoqués par l'employeur, forme sa conviction au vu des éléments fournis par les parties après avoir ordonné, au besoin, toutes les mesures d'instruction qu'il estime utiles. Si un doute subsiste, il profite au salarié » (art. L. 1235-1 du Code du travail).
Votre première demande sera donc que le Conseil prononce la nullité du licenciement. Pour ce faire, vous avez à votre disposition deux séries d'arguments et de moyens.

• L'absence ou l'insuffisance de motifs

Quel que soit le type de licenciement (économique ou personnel) que vous dénoncez, il vous faudra prouver que le motif avancé par votre employeur est inexistant ou insuffisant.

Ainsi, en cas de licenciement pour motif économique, il vous faudra démontrer que les difficultés économiques sont inexistantes ou de faible importance, ou que votre poste, prétendument supprimé, a été de nouveau occupé après votre départ. De même, dans le domaine du licenciement pour motif personnel, il vous faudra convaincre le Conseil que vous n'avez commis ni faute lourde, ni faute grave, et ce, en vous reportant aux définitions des fautes graves et lourdes admises par les dispositions légales et la jurisprudence (voir *Les licenciements pour motifs personnels*, p. 34). Votre objectif, et donc votre demande, est que le Conseil dise votre licenciement dépourvu de cause réelle et sérieuse.
N'oubliez pas que le Conseil va juger de la pertinence des motifs sur la base de la lettre de licenciement, d'où l'importance de celle-ci.

Le non-respect des modalités ou de la procédure de licenciement

Nous avons vu précédemment que le prononcé d'un licenciement, même si sa légitimité est reconnue, doit obéir à un certain nombre de règles de procédure ou répondre à un certain nombre de conditions visant à la protection du salarié, à son reclassement, etc.
Des procédures particulières ont été prévues pour protéger certaines catégories de salariés.
Votre demande fera valoir, par exemple :
- le non-respect de la procédure d'entretien préalable : non-respect des délais, absence de la mention vous rappelant la possibilité de vous faire assister… ;
- l'envoi de la notification de licenciement, avant l'expiration du délai exigé ;
- dans le cas d'un licenciement économique, l'inexistence de la liste des critères des licenciements, l'omission dans la notification de licenciement de la priorité de réembauchage, l'absence de recherche véritable de reclassements possibles (même s'il s'agit pour l'employeur d'une obligation de moyens et non d'une obligation de résultats) ;
- en cas de licenciement économique dans une entreprise de plus de 50 salariés licenciant plus de 10 salariés sur une période de 30 jours, l'inexistence d'un plan de reclassement ;
- en cas de maladie ou d'accident du travail, l'absence d'un double examen de reprise du travail ;
- etc.

› La réintégration dans l'entreprise

« Si le licenciement d'un salarié survient pour une cause qui n'est pas réelle et sérieuse, le juge peut proposer la réintégration dans l'entreprise, avec maintien de ses avantages acquis.
Si l'une ou l'autre des parties refuse, le juge octroie une indemnité au salarié. Cette indemnité, à la charge de l'employeur, ne peut être inférieure aux salaires des six derniers mois. Elle est due sans préjudice, le cas échéant de l'indemnité de licenciement prévue à l'article L. 1234-9. »
Cette réintégration est bien évidemment rarissime.

› Les demandes financières

Les demandes financières font naturellement suite à la demande principale. Il existe deux types de demandes financières, l'une visant la récupération de vos droits, l'autre l'obtention d'une indemnisation du préjudice subi.

Les demandes concernant la récupération de vos droits

Les droits que vous pouvez récupérer sont :
- l'indemnité de congés payés, si vous avez été licencié pour faute lourde ;
- l'indemnité de préavis et l'indemnité légale ou conventionnelle de licenciement si vous avez été licencié pour faute lourde ou grave ;
- le rappel de salaire pendant la durée de la mise à pied si vous avez été licencié pour faute lourde ou grave.

Les demandes d'indemnisation du préjudice subi

Le préjudice subi du fait de l'irrégularité de la procédure

Il sera compensé par une indemnité qui ne pourra être supérieure à un mois de salaire.
Cette disposition ne s'applique pas aux salariés ayant moins de 2 ans d'ancienneté dans une entreprise de moins de 11 salariés, sauf si l'irrégularité de procédure est due à la méconnaissance des dispositions relatives à l'assistance du salarié par un conseiller au cours de l'entretien préalable (art. L. 1235-5 du Code du travail).

Le préjudice subi du fait de l'absence de cause réelle et sérieuse

L'indemnité ne pourra être inférieure à 6 mois de salaire pour les salariés ayant plus de deux ans d'ancienneté dans une entreprise employant plus de 10 salariés.
Ces deux indemnités se cumulent, le cas échéant, avec l'indemnité légale ou conventionnelle de licenciement.
Il vous appartient de fixer le montant (quantum) des indemnisations demandées à partir de ces bases légales ; le Conseil en décidera en fonction de la pertinence des preuves apportées.
Vous pouvez également demander la réparation de tout préjudice que vous auriez subi (harcèlement moral ou autre, conditions vexatoires, etc.), mais il vous faudra apporter des preuves solides pour convaincre les conseillers.

L'apurement de la situation contractuelle

Il vous appartient de demander le solde de toutes les sommes qui vous sont dues du fait de votre contrat de travail :
- rappels de salaire, primes ;
- solde des congés payés : si au moment de la rupture vous n'aviez pas pris la totalité de vos congés, une indemnisation vous est due (si elle n'a pas fait l'objet d'une régularisation lors de l'établissement du solde de tout compte) ;
- heures supplémentaires : vous devrez en apporter la preuve, ce qui est souvent difficile ;

- partie variable de votre rémunération ;
- remboursement de frais ;
- contrepartie financière d'une obligation de non-concurrence ;
- etc.

À NOTER

Cette liste n'est évidemment ni obligatoire, ni exhaustive... et chaque demande devra être soigneusement argumentée.

La remise de documents

Vous demanderez au Conseil d'ordonner la remise des documents suivants s'ils ne vous ont pas été remis lors de votre départ de l'entreprise, ou s'il est nécessaire de les mettre en conformité avec la décision attendue.
Il s'agit :
- du certificat de travail ;
- de l'attestation Pôle emploi ;
- du bulletin de paie ;
- du solde de tout compte.

Vous pouvez, par ailleurs, demander au Conseil de condamner l'entreprise :
- au paiement d'une indemnité pour retard de remise de ces documents ;
- à une astreinte par jour de retard et par document, à compter, par exemple, de la date de prononcé du jugement.

À NOTER

L'astreinte *L'astreinte est une condamnation à verser une somme d'argent par jour (ou par semaine, mois...) de retard dans l'obligation de faire ou de ne pas faire quelque chose.*

L'exécution provisoire

Cette demande a pour but de vous permettre de percevoir tout ou partie des sommes réclamées dans l'attente que le jugement devienne définitif.

L'exécution provisoire de droit

Quelles sont les demandes exécutoires de droit que vous pouvez présenter ?
« Sont de droit exécutoires à titre provisoire :
1°) le jugement qui n'est susceptible d'appel que par suite d'une demande reconventionnelle ;
2°) le jugement qui ordonne la remise d'un certificat de travail, d'un bulletin de paie, ou de toute autre pièce que l'employeur est tenu de délivrer ;
3°) le jugement qui ordonne le paiement de sommes au titre des rémunérations et indemnités mentionnées au 2° de l'article R. 1454-14[1], dans la limite

1. Il s'agit de salaire et accessoires de salaire, d'indemnités de congés payés, indemnités dues à la suite d'un accident ou d'une maladies professionnels, d'indemnité de fin de CDD.

maximum de neuf mois de salaire calculés sur la base de la moyenne des trois derniers mois de salaire. Cette moyenne est mentionnée dans le jugement » (art. R. 1454-28 du Code du travail).

L'exécution provisoire d'autres mesures

Vous pouvez également demander l'exécution provisoire d'autres mesures. Il vous faudra motiver ces demandes.
L'avantage est évident : vous percevez immédiatement les sommes demandées.
L'inconvénient éventuel est que, en cas de réforme du jugement en appel ou en cassation, vous serez tenu de rembourser les sommes reçues majorées des intérêts du jour de la notification du jugement. Attention aux mauvaises surprises !

L'indemnisation des sommes engagées pour votre défense

À quel titre pouvez demander l'indemnisation des sommes que vous avez engagées pour la défense de vos prétentions ?
« Comme il est dit au I de l'article 75 de la loi n° 91-647 du 10 juillet 1991, dans toutes les instances, le juge condamne la partie tenue aux dépens ou, à défaut la partie perdante, à payer à l'autre partie la somme qu'il détermine, au titre des frais exposés et non compris dans les dépens. Le juge tient compte de l'équité ou de la situation économique de la partie condamnée. Il peut même, d'office, pour des raisons tirées des mêmes considérations, dire qu'il n'y a pas lieu à cette condamnation » (art. 700 du Code de procédure civile).
Vous pouvez ainsi solliciter le versement d'une compensation aux frais que vous avez engagés pour la défense de vos droits. Le juge appréciera, en équité, le montant à vous allouer.

Les réactions possibles du défendeur

La partie adverse, l'employeur, pourra de son côté soulever un certain nombre d'exceptions de procédure.
La plus fréquente est l'exception d'incompétence, c'est-à-dire l'incompétence géographique du Conseil de prud'hommes saisi (incompétence *rationae loci*), l'incompétence de la section du Conseil, ou l'incompétence plus générale du Conseil de prud'hommes (incompétence *rationae materiae*).
Il peut, par ailleurs, contester la régularité d'un acte, par exemple la nomination de votre représentant (absence du pouvoir).
Ces exceptions doivent être déposées *in limine litis*, c'est-à-dire avant l'ouverture des débats proprement dits. Si l'exception est acceptée par le bureau, les débats sur le fond ne pourront avoir lieu. Vous aurez alors deux possibilités : effectuer un contredit d'incompétence ou faire appel de cette décision.
Si l'exception est rejetée, les débats auront lieu normalement.

À NOTER **Une procédure accélérée** *Le pénal ne tient plus le civil en état. Désormais, même si une instance pénale a été introduite sur la base des faits qui vous sont reprochés, le Conseil pourra prendre sa décision sans attendre l'issue du procès pénal.*

La partie adverse déposera aussi le plus souvent une demande reconventionnelle sur la base de l'article 700 du Code de procédure civile. Si vous échouez dans vos prétentions (si le juge refuse votre argumentation), vous pourrez ainsi être condamné à lui verser une indemnité à ce titre.
Le défendeur peut également demander des dommages-intérêts.
De même, le juge peut vous condamner à une amende civile en application de l'article 32-1 du Code de procédure civile : « Celui qui agit en justice de manière dilatoire ou abusive peut être condamné à une amende civile pouvant aller jusqu'à 3 000 €, sans préjudice des dommages-intérêts qui seraient réclamés. »

Les différentes phases du procès devant le Conseil de prud'hommes

La procédure habituelle devant le Conseil de prud'hommes se déroule en deux phases : devant le bureau de conciliation d'abord, et, en cas d'échec de la conciliation, devant le bureau de jugement.
Au sein du Conseil, deux autres instances peuvent intervenir, le référé et le départage.
Nous examinerons également les décisions qui peuvent être prises à ces différents niveaux et comment vous pouvez les contester (voies de recours).

› Le bureau de conciliation

La conciliation est une spécificité de la procédure prud'homale, partant de l'adage suivant : « Un mauvais arrangement vaut mieux qu'un bon procès. »
L'objectif est d'aider et de convaincre les parties à trouver un accord avant d'examiner le fond de l'affaire.

Le déroulement de l'audience de conciliation

Le bureau de conciliation est composé de deux conseillers, un salarié et un employeur, la présidence étant assurée à tour de rôle par l'un ou l'autre. Ils sont assistés d'un greffier.
L'audience débute comme dans toutes les audiences par l'appel des causes : le greffier appelle, dans l'ordre du rôle, demandeur et défendeur de chaque affaire. Chacun répond (ou son représentant) présent à l'appel de son nom.

LES CONSÉQUENCES DE L'ABSENCE DE L'UNE DES PARTIES LORS DE LA CONCILIATION		
Demandeur	**Défendeur**	**Conséquences**
Absent sans motif légitime	Présent	Caducité
Absent avec motif légitime	Présent	Renvoi à une autre date
Présent	Absent sans motif légitime	Renvoi bureau jugement
Présent	Absent avec motif légitime	Renvoi à une autre date
Présent	Absent : convocation non reçue	2e convocation par lettre recommandée avec avis de réception ou huissier

MON CONSEIL

L'importance d'être ponctuel *Soyez, vous et votre conseil, ponctuels. Si vous prévoyez un retard justifié, prévenez le greffe afin que votre affaire puisse néanmoins être retenue.*

Une fois l'appel terminé, les conseillers se retirent avec le greffier dans un bureau où les deux parties de chaque affaire seront appelées dans l'ordre du rôle. La conciliation se tiendra à huis clos.
Le président vérifie les identités et les pouvoirs des conseillers du salarié et de l'employeur (sauf s'il s'agit d'un avocat), ainsi que celles des parties, et demande à l'employeur un extrait du Kbis de l'entreprise.
Le greffier prend note de quelques renseignements préalables : date d'entrée dans l'entreprise, date du dernier jour travaillé, dernier salaire (ou moyenne des trois ou douze derniers salaires), motif de la rupture, convention collective applicable, effectifs de l'entreprise (moins de 11 ou plus de 10 salariés), code NAF de l'entreprise, convention collective applicable.
Il s'enquiert du maintien ou de la modification des demandes.
Le président et le conseiller entendent ensuite les explications du demandeur, la position du défendeur face à ces demandes et s'efforce de trouver un terrain d'entente pouvant aboutir à la conciliation.
Le demandeur peut également requérir que soient ordonnées des mesures d'urgence :
- la délivrance de documents tels que certificat de travail, attestation Pôle emploi, etc., éventuellement sous astreinte ;

- le versement d'une provision, dans la limite de 6 mois de salaire, concernant le salaire de base et ses accessoires, l'indemnité de préavis, l'indemnité de licenciement, l'indemnité de congés payés.

La conclusion de la conciliation

En cas de conciliation totale, il est rédigé immédiatement un procès-verbal de conciliation. Ce procès-verbal, signé par les deux parties, le président et le greffier, a valeur d'un jugement. Il doit donc être respecté scrupuleusement par les deux parties.
En cas de conciliation partielle, un procès-verbal est également rédigé, prenant acte de l'accord réalisé sur les points conciliés. Les points non réglés seront portés devant le bureau de jugement.
En cas de non-conciliation totale, il est remis aux parties une convocation devant le bureau de jugement, avec indication des dates de communication des pièces à la partie adverse. Il n'y aura pas d'autre convocation.
Si des mesures provisoires ont été demandées, président et conseiller se réunissent hors la présence des parties afin de prendre la décision d'accorder ou non les mesures demandées. Une fois la décision arrêtée, il est donné lecture de l'ordonnance, portes ouvertes (l'audience redevient publique).
L'ordonnance, motivée et signée du président et du greffier, sera notifiée par le greffe (une photocopie pourra vous être délivrée sur-le-champ).

À NOTER

Ne sous-estimez pas l'intérêt de la conciliation *La conciliation aboutit dans environ 20 % des affaires, ce qui est peu. Les parties sûres de leur bon droit préfèrent aller jusqu'au bureau de jugement.*
Souvent, les employeurs sont absents, sous des prétextes stéréotypés, et leurs conseils, même dotés de tous pouvoirs de conciliation, sont, souvent, peu enclins à concilier.
Il y a là une méconnaissance, dommageable, pour les deux parties de l'intérêt de la conciliation.

› Le bureau de jugement

À NOTER

Remarque vestimentaire *Les conseillers prud'homaux ne sont pas revêtus d'une robe, comme les magistrats professionnels, ils portent une médaille en bronze doré (le président) ou argenté (les conseillers).*

Avant l'audience

Préalablement à l'audience, les parties ont dû se communiquer les pièces, dans les délais fixés à l'issue de l'audience de conciliation. Ces différentes pièces sont destinées à appuyer et à prouver les prétentions et allégations des deux parties. Pour respecter le principe du contradictoire, les pièces doivent avoir été communiquées dans un délai suffisant avant l'audience de jugement. Des pièces communiquées tardivement pourront être écartées des débats.

MON CONSEIL

Le choix des pièces *Veillez avec votre conseil à bien choisir les pièces susceptibles de soutenir vos prétentions. Faites attention aux pièces à double tranchant qui risquent d'être utilisées contre vous par le défendeur.*

Afin d'éviter toute contestation ultérieure, il est d'usage d'accompagner tout envoi de pièces d'un bordereau d'envoi, chacune des pièces étant numérotée. Un double du bordereau vous est envoyé, ayant valeur d'accusé de réception.

La composition du bureau de jugement

Deux conseillers salariés et deux conseillers employeurs composent le bureau de jugement.
Le président est alternativement un employeur ou un salarié.

Le déroulement de l'audience de jugement

L'audience de jugement commence par l'appel des causes effectué par le greffier.
Chaque partie – le demandeur, le défendeur ou leurs représentants – répond présente à l'appel de son nom.
En cas d'absence des uns ou des autres, le juge peut décider de :
- entendre, néanmoins, les parties (le jugement sera réputé contradictoire) ;
- renvoyer l'affaire à une autre date ;
- prononcer la caducité ou la radiation.

LES CONSÉQUENCES DE L'ABSENCE DE L'UNE DES PARTIES LORS DE L'AUDIENCE DE JUGEMENT

Demandeur	Défendeur	Conséquences
Absent sans motif légitime	Présent	Au choix du juge et du défendeur : caducité de la citation jugement réputé contradictoire
Absent avec motif légitime	Présent	Renvoi à une audience ultérieure
Présent	Absent sans motif légitime	Jugement réputé contradictoire Jugement rendu par défaut
Présent	Absent avec motif légitime	Renvoi à une autre audience
Présent	Absent : convocation non reçue	Nouvelle convocation par lettre recommandée avec avis de réception ou huissier

Une fois l'appel terminé, les affaires sont appelées, à tour de rôle, à la barre.
À la différence de l'audience de conciliation où les débats ont lieu à huis clos, les débats de l'audience de jugement, comme ceux de l'audience de référé ou de départage, sont publics.
Le demandeur (le plus souvent il est représenté) prend la parole en premier : il rappelle tout d'abord ses demandes et le quantum de celles-ci. Il peut éventuellement modifier ses demandes antérieures ou en rajouter (dans ce cas, la partie adverse doit en avoir été informée). Seules les demandes présentées oralement seront retenues par le Conseil (principe de l'oralité des débats).
Il expose ensuite l'historique de l'affaire, développe ses demandes et les justifie par les pièces versées au dossier. Il rappelle bien évidemment les textes légaux et la jurisprudence de l'ensemble des jugements rendus (notamment par la Cour de cassation) en sa faveur.
Le défendeur (ou son conseil) prend ensuite la parole et répond, point par point, aux arguments du demandeur, présentant sa propre version des faits. Il formule, éventuellement, ses demandes reconventionnelles.
Le président et les conseillers posent leurs questions aux deux parties afin d'éclairer autant que de besoin leur jugement. Ils peuvent interroger, s'ils le souhaitent, le salarié ou l'employeur.
Si des témoins ont été cités par vous-même ou le défendeur, ils ont été conviés à quitter la salle d'audience, avant que vous-même, ou le défendeur, ne vous exprimiez ; le président peut les appeler à la barre quand il l'estime utile.
Les parties, peuvent, mais compte tenu de l'oralité des débats ce n'est pas une obligation, remettre leurs conclusions écrites en début ou en fin d'audience. Les conclusions rassemblent l'essentiel de l'affaire : historique, demandes, argumentations… Elles sont souvent bien utiles aux conseillers pour prendre la décision au cours du délibéré.
Le président indique la date à laquelle le jugement sera prononcé (lu en début d'audience) ou mis à disposition.

› La formation de référé

Si votre situation exige une solution particulièrement urgente, vous pouvez saisir la formation des référés.
Cette formation est commune à l'ensemble des sections du Conseil de prud'hommes. Elle se compose de deux conseillers : un salarié et un employeur.
« Dans tous les cas d'urgence, la formation de référé peut, dans la limite de la compétence des Conseils de prud'hommes, ordonner toutes les mesures qui ne se heurtent à aucune contestation sérieuse ou que justifie l'existence d'un différend » (art. R. 1455-5 du Code du travail).
En ce qui concerne les licenciements, la procédure de référé peut notamment être utile pour obtenir la délivrance du bulletin de paie ou de l'attestation Pôle emploi, ainsi que le versement des salaires restant dus, ainsi que celui des indemnités.
Les pouvoirs des juges de référé sont plus larges que ceux du bureau de conciliation en ce domaine ; la procédure est également plus rapide.

Mais comme pour les ordonnances rendues en conciliation, les ordonnances de référé demeurent provisoires. Elles ne sauraient remplacer le bureau de jugement sur le fond de l'affaire.

› Le délibéré

Le « délibéré » consiste en une réunion, à huis clos, et sans la présence du greffier, où les conseillers, vont, au vu des éléments fournis au cours de l'audience de jugement (ou de référé, ou concernant les demandes d'ordonnance en conciliation), décider du bien-fondé de vos demandes.
Les décisions doivent être prises à la majorité absolue des conseillers, ce qui implique 3 voix sur 4 pour le bureau de jugement et l'unanimité pour les ordonnances de conciliation ou de référé :
- Si cette majorité n'est pas réunie, il y a lieu à départage.
- Si cette majorité n'a pas pu être obtenue sur certains points seulement, il y a lieu à départage partiel.

Dans les deux cas, une audience de départage va être appelée à trancher et à arrêter une décision.

› L'audience de départage

C'est un magistrat professionnel, le juge départiteur (magistrat détaché pour ce faire du tribunal d'instance), qui va présider cette audience.
Cette audience doit avoir lieu dans le mois qui suit l'audience de conciliation ou l'audience de jugement, et dans un délai de 15 jours si le départage fait suite à une audience de référé (art. R. 1454-29 et suivants du Code du travail). Il ne s'agit pas là d'un délai impératif, et, dans les faits, les délais sont parfois, hélas, beaucoup plus longs.
En principe, siègent aux côtés du juge départiteur les mêmes conseillers que ceux de l'audience ayant donné lieu à départage. En cas d'absence de l'un ou de plusieurs d'entre eux, le ou les conseiller(s) absents peuvent être remplacés par des collègues appartenant à la même section.
Si la formation n'est pas au complet, le juge départiteur statuera seul, après avoir recueilli l'avis des conseillers présents.

Les preuves à apporter devant les instances prud'homales

Vous devez apporter les preuves de vos prétentions, tout comme votre adversaire doit apporter les siennes.
« Il incombe à chaque partie de prouver conformément à la loi les faits nécessaires au succès de sa prétention » (art. 9 du Code de procédure civile).
Vous devrez donc apporter la preuve de la réalité des préjudices que vous avez subis, des irrégularités de procédure, etc.
Et c'est à l'employeur d'apporter la preuve de l'existence et de la réalité des motifs de licenciement, et des seuls motifs qu'il a évoqués dans la lettre de licenciement.

« En cas de litige, le juge, à qui il appartient d'apprécier la régularité de la procédure suivie et le caractère réel et sérieux des motifs invoqués par l'employeur, forme sa conviction au vu des éléments fournis par les parties, après avoir ordonné toutes les mesures d'instruction qu'il estime utiles. Si un doute subsiste, il profite au salarié » (art. L. 1235-1 du Code du travail).
Les premiers éléments de preuve font l'objet de communication de pièces, échangées entre vous et votre employeur.
Il peut s'agir de tout document provenant de votre entreprise : courriers postaux ou informatiques, procès-verbaux de réunions, etc.
Sont également fréquentes les attestations de salariés, de clients, de tiers... Les deux parties peuvent présenter ces attestations. Pour être admises, ces attestations doivent obéir à un certain formalisme (voir *Attestation de témoignage*, p. 137).
Vous pouvez, enfin, comme votre contradicteur, faire comparaître des témoins à l'audience de jugement. Vous devez indiquer la présence de ces témoins en début d'audience. Ils seront appelés, le cas échéant, à venir témoigner à la barre, après avoir prêté serment.
Le témoignage du conseiller qui vous a assisté lors de l'entretien préalable peut se révéler particulièrement important.

Le jugement

Le jugement est rédigé par le président du bureau. Le plus souvent, il est prononcé, ou mis à disposition, plusieurs semaines, voire des mois, après l'audience. Il suppose en effet que, après qu'une décision a été arrêtée lors du délibéré, le jugement lui-même soit rédigé.

› Que contient un jugement ?

Après une première page reprenant les éléments essentiels de la procédure, le jugement se compose de quatre parties :
1) Le rappel des faits : c'est-à-dire votre histoire résumée dans l'entreprise, le différend qui vous oppose, et les demandes que vous formulez.
2) L'argumentation de chacune des parties : le rappel des textes (la loi ou la jurisprudence que chacune des parties invoque), les preuves que vous produisez, les témoignages, etc.
3) La motivation du jugement, dénommée également « les attendus » : ce sont les motifs que les conseillers ont retenus pour vous donner – ou ne pas vous donner – satisfaction.
4) Le dispositif : c'est la décision en elle-même.
Ainsi, dans ce type de litige, le juge pourra rejeter purement et simplement toutes vos demandes : il vous déboutera, totalement ou en partie. À l'inverse, il jugera votre licenciement dénué de cause réelle et sérieuse, ou il dira ce licenciement non fondé sur une faute grave, mais reconnaîtra l'existence d'une cause réelle et sérieuse. Il en tirera toutes les conséquences financières en appréciant les montants demandés.

C'est ce dispositif qui sera lu à l'audience, ou mis à votre disposition, aux heures et dates indiquées.

› La notification du jugement

Le jugement vous sera notifié en même temps qu'au demandeur par les soins du greffe et par lettre recommandée avec accusé de réception.
C'est à compter de la date de notification que courent les délais pour effectuer un recours contre ces décisions.

Les voies de recours

Les jugements rendus par les Conseils de prud'hommes peuvent toujours être révisés, de la même manière que tous les jugements rendus en première instance.
En application du principe du double degré de juridiction, les décisions du Conseil de prud'hommes sont d'abord susceptibles d'appel, sauf si elles sont rendues en dernier ressort (c'est-à-dire lorsque le montant total des demandes financières ne dépasse pas 4 000 €). La cour d'appel juge à nouveau et dans sa totalité l'ensemble de l'affaire.
Dans tous les cas (premier ou dernier ressort), vous pouvez vous pourvoir en cassation ; la Cour de cassation ne rejugera pas l'ensemble du dossier, mais examinera si les formalités ont été respectées et si la loi a été correctement appliquée.
Les autres voies de recours possibles sont l'opposition, la tierce opposition, le contredit d'incompétence et le recours en révision.

› L'appel

Vous pouvez faire appel d'un jugement rendu en premier ressort.
Vous avez pour ce faire un délai d'un mois à compter de la notification (15 jours pour une ordonnance de référé).
Votre appel doit être adressé par lettre recommandée avec avis de réception au greffe de la cour d'appel.
La cour d'appel est composée de magistrats professionnels.
La procédure est identique à celle des Conseils de prud'hommes : les débats sont oraux, l'appelant prend la parole en premier, l'intimé intervenant ensuite.
Entre la saisie de la cour d'appel et la décision de celle-ci (l'arrêt de la cour d'appel), l'exécution du jugement de première instance est suspendue (sauf en cas d'exécution provisoire).
Deux types de décision sont possibles :
- la confirmation du jugement de première instance (décision de rejet) : les décisions de celui-ci sont alors exécutoires ;
- l'infirmation de ce jugement : les dispositions de ce jugement sont annulées et celles de l'arrêt de cour d'appel sont applicables.

› Le recours en cassation

Le recours en cassation est possible contre :
- les jugements des Conseils de prud'hommes rendus en dernier ressort ;
- les arrêts de la cour d'appel.

La Cour de cassation ne rejuge pas l'affaire. Elle n'est pas juge du fond mais de la forme (respect de la procédure ou de l'application de la loi).
Elle est saisie dans un délai de 2 mois suivant la notification de la décision attaquée (délai doublé en cas de demande d'aide juridictionnelle).
L'assistance d'un avocat aux conseils est obligatoire.
La Cour de cassation peut rejeter le pourvoi : la décision est alors définitive.
Elle peut renvoyer l'affaire devant une autre cour d'appel, qui, soit confirmera la cassation (l'affaire est définitivement close), soit confirmera le premier jugement : l'affaire reviendra alors, et pour une ultime fois, devant la Cour de cassation qui statuera toutes chambres réunies.

› Les autres voies de recours

L'opposition est la voie de recours destinée aux défendeurs contre lesquels un jugement par défaut a été prononcé. Il ne vous concerne pas, *a priori*, dans le type de litige qui nous occupe.
La tierce opposition est à la disposition d'un tiers qui serait impliqué dans les conséquences d'une décision, sans avoir été appelé au procès.
Le recours en révision est prévu au cas où on découvrirait des faits nouveaux susceptibles d'entraîner une modification du jugement initial.
Le contredit d'incompétence est à votre disposition si le conseil s'est déclaré d'office incompétent, ou si votre employeur a soulevé une exception d'incompétence.

Cas particuliers : la résiliation judiciaire du contrat de travail et la requalification d'une démission

Vous considérez devoir prendre l'initiative de la rupture du contrat de travail, estimant que votre employeur ne respecte pas ses obligations. Vous avez alors deux possibilités :
- demander au juge, le Conseil de prud'hommes en l'occurrence, de résilier votre contrat de travail ;
- démissionner et demander ensuite la requalification de cette démission en licenciement sans cause réelle et sérieuse.

› La prise d'acte de la rupture

Il s'agit d'un mode de rupture du contrat de travail qui tend à prendre de l'importance.

Le salarié « prend acte » du manquement de l'employeur aux obligations nées du contrat de travail et considère dès lors le contrat de travail comme rompu du fait de celui-ci.
Les motifs de la prise d'acte de la rupture sont le harcèlement, le non-respect des règles d'hygiène, le non-paiement du salaire ou des heures supplémentaires, la modification unilatérale de la rémunération, etc.
En conséquence :
- si le Conseil de prud'hommes saisi reconnaît le bien-fondé des griefs invoqués par le salarié, la prise d'acte est assimilée à un licenciement dépourvu de cause réelle et sérieuse. L'indemnité de préavis, l'indemnité de licenciement et d'éventuels dommages-intérêts sont alors dus ;
- dans le cas contraire, il s'agira d'une démission, et le salarié pourra être condamné à indemniser le préavis non respecté.

› La résiliation judiciaire du contrat de travail

Le contrat de travail suppose deux obligations essentielles pour l'employeur : fournir le travail, objet du contrat, et, en contrepartie, verser la rémunération prévue.
Si l'une de ces deux obligations n'est pas respectée, vous êtes en droit de demander au juge la résiliation judiciaire de votre contrat de travail.
Vous pouvez également, sous contrôle du juge, évoquer d'autres causes : elles pourront être admises si vous réussissez à prouver l'impossibilité de maintenir le lien contractuel.
Si une cause est admise par le juge, la résiliation judiciaire entraînera les mêmes effets qu'un licenciement sans cause réelle et sérieuse.
La même procédure peut être utilisée à votre égard par votre employeur.

› La requalification d'une démission en licenciement

Les conditions d'exécution de votre contrat de travail sont telles que vous prenez unilatéralement l'initiative de la rupture, sous la contrainte et la pression de l'action ou de l'inaction de votre employeur.
Il vous faudra alors prouver :
- l'impérieuse nécessité dans laquelle vous étiez de rompre le contrat de travail ;
- la responsabilité de votre employeur dans cette nécessité.
Là encore, si le juge suit votre raisonnement, votre démission sera requalifiée en licenciement sans cause réelle et sérieuse.

Quelles sont les mesures alternatives au licenciement ?

➢ **Quel que soit le motif de votre désaccord, votre employeur et vous-même êtes d'accord sur deux choses : le caractère inéluctable de la rupture et l'opportunité de maîtriser les conséquences tant financières que morales de cette rupture.**

➢ **Deux principales solutions sont à votre disposition : la première intervient avant que le licenciement ne soit prononcé, la rupture conventionnelle du contrat de travail, la seconde intervient après le licenciement, la transaction.**

➢ **Sera également envisagée la médiation.**

La rupture conventionnelle du contrat de travail

Dans cette hypothèse, vous-même et votre employeur êtes d'accord sur la nécessité de la rupture, et préférez cependant éviter la procédure du licenciement (une sorte de divorce à l'amiable en quelque sorte).

Ce que dit la loi

Une loi du 25 juin 2008 vient préciser les conditions de cette possibilité et améliorer la protection du salarié.

« L'employeur et le salarié peuvent convenir en commun de la rupture du contrat de travail qui les lie.

La rupture conventionnelle, exclusive du licenciement ou de la démission, ne peut être imposée par l'une ou l'autre des parties. Elle résulte d'une convention signée par les parties au contrat. Elle est soumise aux dispositions de la présente section destinées à garantir la liberté du consentement des parties » (art. L. 1237-11 du Code du travail).

Cette possibilité, simple application des dispositions de l'article 1134 du Code civil, existait déjà avant la loi de 2008, laquelle est venue préciser les modalités de mise en œuvre, afin de garantir la validité du consentement des parties.

Définition

Il s'agit d'un mode de rupture du contrat de travail que vous-même et votre employeur décidez de choisir au lieu et place d'une procédure de licenciement, que vous savez probable.

Cette rupture peut avoir un motif aussi bien personnel qu'économique (elle n'est pas admise dans les plans de GPEC - gestion prévisionnelle des emplois et des compétences), ni dans les PSE (plans de sauvegarde de l'emploi).

Avant 2008, elle n'était pas possible pour les salariés protégés (en raison même du régime de protection qui leur est applicable). Désormais, ils peuvent en bénéficier sous réserve d'obtenir l'autorisation de l'inspecteur du travail.

Le déroulement de la procédure

La rupture doit être précédée d'un ou plusieurs entretiens lors desquels vous-même et votre employeur pouvez vous faire assister.

Ces « assistants » sont les mêmes que ceux prévus pour l'entretien préalable au licenciement :
- de votre côté, un salarié de l'entreprise, titulaire ou non d'un mandat de représentation du personnel ou syndical, ou, à défaut de l'existence d'une représentation du personnel dans votre entreprise, un conseiller choisi sur la liste établie par l'autorité administrative ;
- du côté de l'employeur, un membre du personnel de l'entreprise, ou un membre de son syndicat professionnel, ou un autre employeur relevant de la même branche d'activité.

Le délai de rétractation

Les deux parties disposent d'un délai de rétractation.
Ce délai est de 15 jours, pour vous comme pour votre employeur, à compter de la date de signature. La rétractation se fait par lettre recommandée avec accusé de réception adressée à la partie adverse.
Une fois ce délai expiré, la partie la plus diligente adresse le projet de convention de rupture à la direction régionale des entreprises, de la concurrence, de la consommation, du travail et de l'emploi (DIRECCTE), pour homologation. La DIRECCTE « dispose d'un délai de quinze jours ouvrables, à compter de la réception de la demande, pour s'assurer du respect des conditions prévues à la présente section et de la liberté de consentement des parties. À défaut de notification dans ce délai, l'homologation est réputée acquise et l'autorité administrative est dessaisie » (3e al. de l'art. L. 1237-14 du Code du travail).

La convention de rupture

La convention de rupture définit les conditions de celle-ci.
Elle fixe notamment le montant de l'indemnité de rupture conventionnelle qui ne peut être inférieur à celui prévu à l'article L. 1234-9 (indemnité légale de licenciement dont le montant diffère selon le motif, personnel ou économique, du licenciement).
Elle fixe par ailleurs la date de rupture du contrat : au plus tôt le lendemain du jour de l'homologation.

Les différends liés à l'application ou l'homologation de la convention

Tout différend lié à l'application de la convention, ou à son homologation (ou absence d'homologation), est de la compétence du Conseil de prud'hommes.
C'est le seul cas où une décision d'une autorité administrative (la DIRECCTE) est soumise au Conseil de prud'hommes.
Les parties ont 12 mois pour saisir le juge, à compter de la date d'homologation ou de refus d'homologation.

Régime social et fiscal des indemnités perçues suite à une rupture conventionnelle

Pour les salariés n'étant pas en droit de percevoir une pension de retraite, l'indemnité est exonérée de cotisations sociales et n'est pas imposable si elle est inférieure à deux fois le montant de la rémunération annuelle perçue au cours de l'année précédente.

Pour les salariés pouvant prétendre à une pension de retraite, l'indemnité est exonérée d'impôts dans la limite de 3 050 €. Elle est soumise, en revanche, aux cotisations de Sécurité sociale ainsi qu'à la CSG et la CRDS.

La transaction

Même si elle est souvent une solution aux différends nés d'un licenciement, la transaction n'est pas régie par le droit du travail, mais par l'article 2044 du Code civil : « La transaction est un contrat par lequel les parties terminent une contestation née, ou préviennent une contestation à naître. Ce contrat doit être rédigé par écrit. » Elle est postérieure à la naissance du conflit ; elle se situe donc après le licenciement et ne peut débuter que lorsque celui-ci a été notifié.

L'existence d'une contestation

La transaction suppose en premier lieu l'existence d'une contestation. Il est donc nécessaire que vous ayez reçu la notification de votre licenciement, et que vous contestiez celui-ci. La contestation peut résulter de votre saisine du Conseil de prud'hommes, par exemple.

La capacité des parties et le consentement du salarié

Sont exigés, en second lieu, la capacité des parties et le consentement du salarié.

En principe, et le plus souvent, la transaction sera signée par vous-même et votre employeur (souvent la DRH dans les entreprises les plus importantes).

Mais la transaction peut également être négociée et signée par votre avocat (ou toute personne dûment mandatée par vous) et celui de votre employeur.

Votre consentement à la transaction doit être exempt de tout vice : en application du principe suivant « Les conventions légalement formées tiennent lieu de loi à ceux qui les ont faites », vous ne pourrez contester la transaction que vous avez signée qu'en apportant la preuve que votre accord n'a été donné que suite à des pressions ou des manœuvres que vous auriez subies.

Des concessions réciproques

Pour être valable, la transaction doit contenir des concessions réciproques. L'appréciation de celles-ci se fait au regard des prétentions de chacune des parties. Vous renoncerez, de votre côté, à toute instance ou action, en relation avec le licenciement et plus généralement avec le contrat de travail rompu.

En ce qui concerne l'employeur, il consentira une indemnisation globale et forfaitaire. Il est nécessaire que cette indemnisation soit supérieure aux indemnités légales qui vous seraient dues (préavis, indemnité légale ou conventionnelle).

Un écrit est pratiquement indispensable (nécessité de la preuve). Vous trouverez en fin d'ouvrage un exemple type de transaction.

Les conséquences fiscales et sociales de la transaction

L'indemnité transactionnelle vient, préventivement, remplacer d'une part la compensation du préjudice lié à une rupture qui serait jugée abusive, et d'autre part l'indemnité conventionnelle de licenciement.
Ces sommes sont exonérées de l'impôt sur le revenu et des cotisations sociales. L'indemnité transactionnelle sera, elle aussi, exonérée.
Les sommes correspondant à des éléments de salaire (rappel de salaire, indemnités de congés payés, indemnité de préavis) demeurent soumises à impôt et à cotisations sociales.
Par ailleurs, l'indemnité transactionnelle n'échappe normalement pas aux versements de la CSG et de la CRDS : vous avez donc tout intérêt à négocier le versement d'une indemnité nette de CSG et CRDS.

MON CONSEIL

La transaction ne peut intervenir légalement qu'après la naissance du litige. Il vous faut donc veiller à la bonne chronologie des différentes phases :
Licenciement → Contestation du licenciement → Négociations → Concessions réciproques → Accord transactionnel.

La médiation

Surtout utilisée pour régler des conflits familiaux, on y a également recours pour mettre un terme à des conflits collectifs de travail. Elle peut également constituer une solution efficace pour la résolution des conflits individuels.

Les principes de la médiation

Ce mode de règlement amiable des conflits a été introduit officiellement dans notre droit en 1975.

Le Code du travail ne le prévoit que dans le domaine des conflits collectifs (art. L. 2523-1 et suivants du Code du travail).

L'article 21 de la loi du 8 février 1995 en définit les principes :

« Le juge peut, après avoir obtenu l'accord des parties, désigner une tierce personne remplissant les conditions fixées par décret en Conseil d'État pour procéder :

1°) Soit aux tentatives préalables de conciliation prescrites par la loi, sauf en matière de divorce ou de séparation de corps ;

2°) Soit à une médiation, en tout état de la procédure et y compris en référé, pour tenter de parvenir à un accord entre les parties. »

Le juge n'est en aucun cas dessaisi par la désignation d'un médiateur dont la mission peut porter sur la totalité ou seulement une partie du litige.

La mission du médiateur est limitée à 3 mois, éventuellement renouvelables à sa demande.

À l'issue de la médiation, les parties reviennent devant le juge.

Si les parties, grâce à l'action du médiateur, sont parvenues à un accord, fût-il partiel, cet accord est, à la demande des parties, homologué par le juge, ce qui lui donne force exécutoire.

Si aucun accord n'a pu être dégagé, le procès reprend son cours normal.

Qui peut être médiateur ?

Un ancien magistrat, un ancien conseiller prud'homme, un délégué syndical, etc. peut être désigné pour assurer cette fonction :

« La personne qui assure l'exécution de la mesure des médiations doit satisfaire aux conditions suivantes :

1°) Ne pas avoir fait l'objet d'une condamnation, d'une incapacité, d'une déchéance mentionnées sur le bulletin n° 2 du casier judiciaire ;

2°) N'avoir pas été l'auteur de faits contraires à l'honneur, à la probité et aux bonnes mœurs ayant donné lieu à une sanction disciplinaire ou administrative de destitution, radiation, révocation, de retrait d'agrément ou d'autorisation ;

3°) Posséder par l'exercice présent ou passé d'une activité, la qualification requise eu égard à la nature du litige ;

4°) Justifier, selon le cas d'une formation ou d'une expérience adaptée à la pratique de la médiation ;
5°) Présenter les garanties d'indépendance nécessaires à l'exercice de la médiation » (art. 131-5 du Code de procédure civile).

À NOTER

Il existe un certain nombre d'associations en ce domaine : pour plus d'informations, vous pouvez vous adresser à MEDIATION-NET : 11, rue Saint-Pétersbourg, 75008 Paris et www.mediation-net.com.

Quels sont les avantages de la médiation ?

La médiation semble aboutir plus souvent que la conciliation : 50 % de réussite contre 20 % pour la conciliation. À cela, trois raisons toutes simples :
- la conciliation prend souvent place alors que le choc psychologique du licenciement est encore trop frais pour que l'affectif ne soit plus présent ;
- l'audience de conciliation est trop brève pour espérer aboutir à un accord immédiat, mais le bon grain peut être semé… ;
- enfin, le risque n'est pas grand pour vous, et il semblerait que lorsque la médiation est proposée au niveau de l'appel, le montant des indemnisations soit plus élevé que celui décidé en première instance par les Conseils de prud'hommes.

Après un licenciement, comment s'en sortir ?

Les aides institutionnelles : allocations chômage et Pôle emploi

➤ Une loi du 13 février 2008 a très sensiblement modifié l'organisation du service public de l'emploi, en fusionnant notamment les responsabilités des Assedic et de l'ANPE. Désormais, vous n'aurez plus qu'un seul interlocuteur : Pôle emploi.

➤ Pôle emploi a pour principales missions de procéder aux inscriptions sur la liste des demandeurs d'emploi, d'accompagner les personnes à la recherche d'un emploi, d'une formation ou d'un conseil professionnel, et d'assurer le service de l'allocation chômage (art. L. 5312-1 du Code du travail).

➤ Les développements qui vont suivre sont destinés à vous aider dans l'application de ces dispositions.

La liste des demandeurs d'emploi

Pour être reconnu comme demandeur d'emploi, il faut être inscrit sur cette liste gérée par Pôle emploi.

Comment vous inscrire ?

› L'inscription sur la liste

Que ce soit pour percevoir les allocations chômage ou bénéficier d'un accompagnement de retour à l'emploi, vous devez être inscrit sur la liste des demandeurs d'emploi.

« Pour demander son inscription sur la liste des demandeurs d'emploi, le travailleur recherchant un emploi se présente personnellement auprès de services de l'institution mentionnée à l'article L. 531-1 du Code du travail.

Dans les localités où les services mentionnés au premier alinéa n'existent pas, le travailleur recherchant un emploi se présente personnellement auprès des services de la mairie de son domicile » (art. R. 5411-2 du Code du travail).

MON CONSEIL

Un guide indispensable pour approfondir ce sujet Chômage : tous vos droits, *collection « Les guides pratiques pour tous », Prat éditions, 2012.*

Vous devez prendre rendez-vous auprès du Pôle emploi et, pour ce faire, vous disposez de deux moyens :

- le téléphone, un numéro unique, le 3949 ; un conseiller vous fixera un rendez-vous et vous indiquera la marche à suivre. Soit le rendez-vous est proche, et vous remplirez le questionnaire lors du premier entretien, soit il est plus éloigné et vous recevrez alors le questionnaire chez vous ;
- vous pouvez également passer par Internet en vous inscrivant sur le site www.pole-emploi.fr. Tous les renseignements utiles vous seront communiqués.

Ce site vous permettra ensuite de consulter à tout instant votre dossier, de le mettre à jour (changement de situation ou d'adresse…) et d'obtenir attestations ou certificats dont vous pouvez avoir besoin.

Lors de votre premier rendez-vous, pensez à vous munir :

- du formulaire rempli, si vous l'avez reçu à votre domicile ;
- d'une pièce d'identité ;
- de votre titre de séjour avec l'autorisation de travailler si vous êtes étranger ;

Et pour vous ouvrir droit aux allocations, vous présenterez, en plus :

- votre carte d'assuré social ;
- un relevé d'identité bancaire ;
- et surtout l'attestation Pôle emploi que votre employeur a dû vous remettre.

Cette attestation est indispensable et doit préciser :
- le motif de la rupture ;
- le montant de l'indemnité de rupture ;
- le montant des salaires des 12 derniers mois ;
- l'indemnité de congés payés versée par votre employeur.

De ces éléments peuvent dépendre le montant et la date d'ouverture de vos droits.

› Le changement de situation et la radiation de la liste

Le changement de situation

En cas de modification de votre situation, vous devez en informer Pôle emploi.

Chaque mois, *via* le site Internet ou en téléphonant au 3949, vous devez actualiser votre situation.

À défaut de cette mise à jour mensuelle, vous cesserez d'être inscrit sur la liste.

Vous avez un délai de 3 jours pour signaler un arrêt maladie, une entrée en formation…

Vous devez également signaler si vous vous absentez de votre domicile pour plus de 7 jours, en sachant que vous n'avez droit qu'à 35 jours d'absence par an.

La radiation de la liste pour manquement à ses obligations

Vous pouvez, par ailleurs, être radié de la liste des demandeurs d'emploi si vous manquez à vos obligations.

Cette radiation peut être prononcée par le directeur de votre Pôle emploi si vous manquez aux obligations nées de votre inscription.

« Est radiée de la liste des demandeurs d'emploi, dans les conditions déterminées par un décret en Conseil d'État, toute personne qui :

1°) Soit ne peut justifier de l'accomplissement d'actes positifs et répétés en vue de retrouver un emploi, de créer ou de reprendre une entreprise ;

2°) Soit sans motif légitime, refuse à deux reprises une offre raisonnable d'emploi mentionnée à l'article L. 5411-6-2 » (art. L. 5412-1 du Code du travail).

Le troisième alinéa de cet article vise les refus opposés à des propositions diverses faites par Pôle emploi : actualisation de votre PPAE (projet personnalisé d'accès à l'emploi) (voir plus loin), action de formation, refus de vous rendre à une convocation, etc.

Les deux causes essentielles de radiation sont :
- l'absence d'une recherche active. Vous devez, en effet, faire preuve d'un dynamisme certain dans votre recherche : démarches, action de formation, etc. Vous êtes tenu de vous rendre à chacune des convocations du Pôle emploi. En cas d'impossibilité, vous devez justifier du motif de celle-ci (maladie, entretien d'embauche, par exemple). Si une offre d'emploi vous est proposée par votre conseiller dans le cadre de votre PPAE, vous devez y donner suite.

- le refus d'une « offre raisonnable ».

Comment définir une offre « raisonnable » d'emploi ?

« La nature et les caractéristiques de l'emploi ou des emplois recherchés, la zone géographique privilégiée et le salaire attendu, tels que mentionnés dans le projet personnalisé d'accès à l'emploi sont constitutifs de l'offre raisonnable d'emploi » (art. L. 6411-6-2 du Code du travail).

En cas de second refus de votre part, sans motif légitime, le versement de vos allocations pourra être supprimé.

De plus, le caractère « raisonnable » de l'emploi proposé varie en fonction de l'ancienneté de la demande :

- au bout de 3 mois d'inscription sur la liste des demandeurs d'emploi, est réputé raisonnable un emploi compatible avec vos qualifications et rémunéré à hauteur de 95 % de votre dernière rémunération. Le pourcentage admissible passe à 85 % après 6 mois d'inscription. Après un an, la proposition est jugée « raisonnable » si le salaire proposé est équivalent au montant de votre allocation chômage ;
- parallèlement, si au bout de 6 mois vous n'avez pas retrouvé un emploi, l'offre « raisonnable » inclut un temps de transport d'une heure en transport en commun ou 30 km en distance.

La dispense de recherche d'emploi qui existait à partir de 55 ans est depuis la loi de 2008 progressivement supprimée :

- 58 ans si la rupture a lieu en 2009 ;
- 59 ans en 2010 ;
- 60 ans à partir de 2011.

Les âges limites pour le versement de l'allocation de solidarité spécifique (ASS) sont respectivement de 56,5 ; 58 et 60 ans.

La durée de la radiation

La durée de la radiation varie de 15 jours à 2 mois selon le motif de la radiation et sa réitération.

« La radiation de la liste des demandeurs d'emploi entraîne l'impossibilité d'obtenir une nouvelle inscription :

1°) Pendant une période de quinze jours lorsque sont constatés pour la première fois les manquements mentionnés au 1°) (absence d'actes positifs en vue de la recherche d'un nouvel emploi) b, e et f du 3° (divers refus de formation, contrat d'apprentissage ou action d'insertion) de l'article L. 5412-1. En cas de manquements répétés, cette période peut être portée à une durée comprise entre un et six mois consécutifs ;

2°) Pendant une période de deux mois lorsque sont constatés des manquements pour la première fois au 2° (refus d'une offre raisonnable) et a et d du 3° (refus d'actualiser le PPAE ou refus de visite médicale) de l'article précité. En cas de manquements répétés, cette période peut être portée à une durée comprise entre deux et six mois consécutifs ;

3°) Pendant une période dont la durée est comprise entre six et douze mois consécutifs lorsque sont constatées des fausses déclarations mentionnées à l'article

L. 5412-2 (fausses déclarations pour être inscrit ou maintenu sur la liste des demandeurs d'emploi) » (art. R. 5412-5 du Code du travail).

› Pouvez-vous contester la mesure de radiation ?

Oui, bien sûr, et par plusieurs moyens.

La réunion de preuves

Première condition pour que votre contestation ait une chance d'aboutir : il vous faut conserver la preuve des démarches effectuées, des convocations que vous a adressées Pôle emploi, des courriers ou des mails que vous lui avez adressés et de tout ce que vous pourrez faire valoir pour échapper à la radiation et prouver, *a minima*, votre bonne foi. Parlez-en à votre conseiller : c'est le premier maillon de la chaîne des sanctions.

La saisine des directeurs de Pôle emploi

Si cette première démarche demeure vaine, vous devrez saisir le directeur local du Pôle emploi (recours gracieux) ou son responsable, le directeur régional (recours hiérarchique). Pour ce faire, vous lui enverrez une lettre recommandée avec accusé de réception (voir un exemple de lettre p. 144).

La saisine du médiateur Pôle emploi

La loi du 1er août 2009 a mis en place la fonction de « médiateur Pôle emploi » pour faciliter les relations entre l'institution et les utilisateurs de ses services, et en particulier les demandeurs d'emploi.

Quand saisir le médiateur Pôle emploi ?

Il est nécessaire d'avoir préalablement déposé une réclamation auprès de votre Pôle emploi (voir ci-dessus). Si sa réponse ne vous satisfait pas, vous pouvez saisir le médiateur.

Comment saisir le médiateur Pôle emploi ?

Vous pouvez le saisir par lettre en joignant à votre demande toutes les pièces justificatives : notification de radiation et tout document que vous avez joint à la lettre de contestation adressée au directeur du Pôle emploi.
Son adresse : Le Médiateur Pôle emploi, Direction générale – 1, avenue du Docteur Gley, 75967 Paris Cedex 20.

L'examen de votre demande par le médiateur

Le médiateur procédera à un nouvel examen de votre demande, de façon impartiale et indépendante. Il pourra formuler des recommandations, propres à votre demande auprès du Pôle emploi en charge de votre dossier.
Si votre dossier est jugé irrecevable par le médiateur, il vous fournira toutes les explications nécessaires.

Le médiateur et les autres voies de recours

Le recours au médiateur est un droit nouveau qui s'ajoute à toutes les autres voies de recours, mais qui ne les remplace pas.

Attention, la saisine du médiateur n'interrompt pas les délais de recours devant un tribunal.

Les recours devant le tribunal administratif

Le juge administratif, en l'occurrence le tribunal administratif, est l'instance compétente pour recevoir votre demande.
Le recours au tribunal administratif est totalement gratuit, en dehors des frais éventuels de constitution du dossier et des frais d'envoi si vous devez l'envoyer par la poste (en LR/AR).
Vous n'êtes pas obligé, de plus, d'avoir recours à l'assistance d'un avocat si vous ne demandez que l'annulation de la radiation que vous contestez. En revanche, si la demande d'annulation est assortie de demandes financières (versement d'allocations, réparation du préjudice subi), vous devrez faire appel à un avocat.
En cas d'urgence, par exemple si les allocations qui vous ont été supprimées du fait de la radiation sont votre seul moyen d'existence, une procédure d'urgence est à votre disposition qui vous permettra de suspendre provisoirement le non-paiement de vos allocations : c'est la procédure de référé-suspension, analogue au référé dont il a été question en matière de procédure prud'homale (voir *La formation de référé*, p. 82). Une décision doit être rendue en principe dans un délai de 15 jours, le jugement au fond ayant lieu postérieurement.
Rendant son jugement au fond, le tribunal administratif pourra annuler la radiation et éventuellement condamner Pôle emploi au versement de dommages-intérêts en réparation du préjudice que vous avez subi.

Attention aux délais

Les délais de recours commencent à courir du jour de la réception de la notification de la radiation. C'est la date que vous apposerez sur l'accusé de réception qui sera le point de départ à votre démarche.
Par ailleurs, la lettre de notification doit mentionner les voies de recours qui vous sont ouvertes et les délais pour les exercer. Ce délai est de 2 mois francs pour saisir le tribunal administratif.

MON CONSEIL

Un site Internet à consulter *Si vous voulez en savoir plus sur les recours en matière de radiation de la liste des demandeurs d'emploi, vous pourrez consulter le site www.recours-radiation.fr.*

L'accompagnement des demandeurs d'emploi par Pôle emploi

L'article L. 5312-1 du Code du travail définit la mission d'accompagnement des demandeurs d'emploi, mission dévolue à Pôle emploi. Afin de faciliter et d'accélérer son retour à l'emploi dans les meilleures conditions, le demandeur d'emploi est orienté et accompagné dans sa recherche d'emploi par les services de Pôle emploi ou de tout autre organisme participant au service public de l'emploi. Les entretiens menés entre le demandeur d'emploi et les conseillers de Pôle emploi (ou d'un organisme participant au service public de l'emploi) permettent l'élaboration conjointe d'un projet personnalisé d'accès à l'emploi (PPAE). C'est dans le PPAE, régulièrement actualisé, que sont précisés les éléments constitutifs de l'offre raisonnable d'emploi [1].

Qu'est-ce que le projet personnalisé d'accès à l'emploi (PPAE) ?

Lors de l'inscription sur la liste des demandeurs d'emploi, ou au plus tard dans les 15 jours suivant cette inscription, un projet personnalisé d'accès à l'emploi (PPAE) est élaboré conjointement par le demandeur d'emploi et Pôle emploi ou un organisme participant au service public de l'emploi (dans ce cas, le PPAE et ses actualisations sont transmis, pour information, à Pôle emploi).

Le PPAE est actualisé au moins tous les 3 mois dans les mêmes conditions.

À l'issue de l'élaboration ou de l'actualisation du PPAE, Pôle emploi le notifie au demandeur d'emploi. Si le PPAE a été élaboré et actualisé par un organisme participant au service public de l'emploi, cette notification relève de cet organisme.

Le projet personnalisé d'accès à l'emploi est actualisé périodiquement. Lors de cette actualisation, les éléments constitutifs de l'offre raisonnable d'emploi (voir p. 102) sont révisés, notamment pour accroître les perspectives de retour à l'emploi.

Le PPAE précise la nature et les caractéristiques de l'emploi ou des emplois recherchés, la zone géographique privilégiée et le niveau de salaire attendu, en tenant compte des critères suivants :

- la formation du demandeur d'emploi ;
- ses qualifications ;

1 Source : site Internet du ministère du Travail, de l'Emploi et de la Santé : www.travail-emploi-sante.gouv.fr. Rubriques : Informations pratiques > Fiches pratiques > Chômage.

- ses connaissances et compétences acquises au cours de ses expériences professionnelles ;
- sa situation personnelle et familiale ;
- la situation du marché du travail local.

Le PPAE précise également les actions que Pôle emploi s'engage à mettre en œuvre dans le cadre du service public de l'emploi, notamment en matière d'accompagnement personnalisé et, le cas échéant, de formation et d'aide à la mobilité, dans l'objectif de permettre un retour à l'emploi dans les meilleurs délais. Le refus par le demandeur d'emploi, sans motif légitime, d'élaborer ou d'actualiser le projet personnalisé d'accès à l'emploi peut entraîner sa radiation de la liste des demandeurs d'emploi.

En quoi consiste la préparation opérationnelle à l'emploi (POE) ?

La préparation opérationnelle à l'emploi (POE) permet à un demandeur d'emploi de bénéficier d'une formation nécessaire à l'acquisition des compétences requises pour occuper un emploi correspondant à une offre déposée par une entreprise auprès du Pôle emploi.

L'offre d'emploi est située dans la zone géographique privilégiée définie par le projet personnalisé d'accès à l'emploi du demandeur d'emploi.

À l'issue de la formation, qui est dispensée préalablement à l'entrée dans l'entreprise, le contrat de travail qui peut être conclu par l'employeur et le demandeur est :

- un contrat à durée indéterminée :
- un contrat de professionnalisation à durée indéterminée ;
- ou un contrat à durée déterminée d'une durée minimale de 12 mois.

MON CONSEIL

Soyez patient et serein, mais restez déterminé *La fusion Assedic et ANPE connaît parfois quelques difficultés à se mettre en place et occasionne quelques malentendus, ainsi qu'en attestent les quelques témoignages ci-après :*

- « Je dois retourner au Pôle emploi pour mettre à jour ma situation : j'ai changé d'adresse. Je me rends donc à l'adresse indiquée sur la nouvelle attestation que j'ai reçue par courrier après notification du changement d'adresse par Internet. Là, on m'apprend que les Assedic et l'ANPE n'ont pas encore fusionné sur cet arrondissement et que je ne suis pas au bon endroit pour régler mon problème d'indemnisation. Je m'inquiète de savoir s'ils ont bien reçu le dossier de demande d'allocation complété des pièces justificatives. Las, malgré mon insistance, il est impossible de savoir si mon dossier est bien parvenu (aucun enregistrement du courrier « arrivé »). Une seule certitude affichée : si le courrier a bien été envoyé, il a été retransmis aux Assedic encore compétentes. Les Assedic, bien sûr, n'avaient rien reçu et j'ai dû refaire mon dossier au complet... sauf les documents originaux envoyés à la première adresse. »

- « Après les trois mois réglementaires, j'ai rendez-vous avec ma conseillère emploi. Pour ce faire, j'abandonne une formation en cours de séance, mais j'avais hâte de rencontrer ma conseillère et de démarrer un bilan de compétences. Malheureusement, ma conseillère était en congé maladie depuis plusieurs jours. Personne ne m'en avait prévenue : adresse de messagerie et téléphone portable n'ont servi à rien. Il est vrai que le temps d'un demandeur d'emploi est quantité négligeable. Je peux avoir un autre rendez-vous, mais pas avant quinze jours. Devant mon insistance, une autre conseillère accepte de me recevoir. Elle m'explique que son agence vient de récupérer les cadres, et que jusqu'ici elle était en charge des métiers du bâtiment... Du coup, elle était ravie que je lui propose de m'orienter vers un bilan de compétences... »

Ne désespérez jamais, soyez convaincant : les agents du Pôle emploi feront tout leur possible.

Le revenu compensatoire dont vous pouvez disposer : l'allocation d'aide au retour à l'emploi

Les développements qui vont suivre ne vous concernent que si vous avez perdu votre emploi postérieurement au 1er avril 2009. Si tel n'est pas votre cas, reportez-vous au guide* Chômage, tous vos droits *dans la même collection, ou consultez Pôle emploi.

L'allocation d'aide au retour à l'emploi (ARE) est un revenu de remplacement versé par Pôle emploi aux personnes inscrites comme demandeurs d'emploi sous certaines conditions : conditions de la rupture du contrat de travail, âge, durée de cotisation, respect des obligations par le demandeur d'emploi. Son montant est calculé en fonction du salaire journalier de référence (SJR) du bénéficiaire.

Si vous ne pouvez pas percevoir l'ARE, vous pouvez, sous certaines conditions, bénéficier d'une indemnisation versée par l'État au titre de la solidarité (allocation temporaire d'attente – ATA ; allocation de solidarité spécifique – ASS).

Enfin, les salariés ayant perdu involontairement leur emploi entre le 1er avril 2009 et le 31 mars 2010 peuvent prétendre au versement d'une prime forfaitaire de 500 € s'ils n'ont pas droit au versement de l'ARE.

Pouvez-vous bénéficier de l'ARE ?

Oui, si vous répondez aux différentes conditions suivantes :

› Les conditions liées à vous-même

Vous devez :

- totaliser 122 jours (122 jours = 4 mois = 610 heures) d'affiliation au régime d'assurance chômage, sur une période de 28 ou 36 mois selon votre âge (voir ci-dessous) ;
- être inscrit comme demandeur d'emploi ou bénéficier d'une action de formation dans le cadre d'un PPAE ;
- avoir moins de 60 ans (si vous avez plus de 60 ans, vous pouvez néanmoins bénéficier de l'ARE si vous ne totalisez pas le nombre de trimestres exigés pour bénéficier d'une retraite à taux plein de la Sécurité sociale) ;
- être physiquement apte à l'exercice d'un emploi ;
- résider en France (y compris dans les DOM).

› Les conditions liées à la nature de la rupture de votre contrat de travail

Pour vous ouvrir droit au bénéfice de l'ARE, la rupture de votre contrat de travail doit être involontaire.
Peu importe donc la cause de votre licenciement, qu'il soit économique ou pour motif personnel (cause réelle et sérieuse, faute grave ou lourde, maladie, inaptitude, accident du travail), vous pouvez bénéficier de l'ARE (si, bien sûr, vous remplissez les autres conditions).
La fin d'un contrat à durée déterminée ouvre droit également au versement de l'ARE.
Contrairement à une fausse idée largement répandue, faute grave ou faute lourde ne sont pas privatives de l'ARE.
En revanche, les démissions n'ouvrent pas droit au versement de cette allocation, sauf si la démission est provoquée par :
- le changement de résidence du conjoint pour occuper un nouvel emploi ;
- le mariage (ou un PACS), à condition que le délai entre la démission et le mariage soit inférieur à 2 mois ;
- le non-paiement des salaires par l'employeur (sous réserve d'un jugement en référé reconnaissant ce non-paiement).

Pour obtenir la liste complète des démissions ouvrant droit au versement de l'ARE, consultez Pôle emploi ou le site du ministère du Travail : www.travail-emploi-sante.gouv.fr (Informations pratiques > Fiches pratiques > Démission). Par ailleurs, le salarié démissionnaire pour toute autre cause peut demander le réexamen de son dossier et le bénéfice de l'ARE au terme de 122 jours de recherche d'emploi.
La rupture conventionnelle du contrat de travail et la transaction ne font pas obstacle au bénéfice de l'ARE.

Le montant de l'ARE

À vous de choisir le plus avantageux des deux modes de calcul, soit :
- 40,4 % du SJR (salaire journalier de référence) majoré de 11,04 € (montant forfaitaire fixé au 1er juillet de chaque année) ;
- 57,4 % du SJR.

Le montant journalier ne peut être inférieur à 27,25 € dans la limite de 75 % du SJR.

Cas pratique

Exemple 1 du calcul du montant d'une allocation journalière

Votre dernière rémunération était de 1 200 € par mois, sur 12 mois. Votre salaire journalier de référence est donc : 1 200 x 12 = 14 400/365 = 39,45 €
Votre allocation journalière serait donc :
– soit (39,45 x 40,4 %) + 11,17 = 27,11 €
– soit 39,45 x 57,4 % = 22,64 €
Vous bénéficierez donc du minimum de 27,25 x 30 = 817,50 € nets mensuels.

Cas pratique

Exemple 2 du calcul du montant d'une allocation journalière
Votre dernier salaire était de 2 800 € sur 13 mois. Votre salaire journalier de référence est alors de (2 800 x 13)/365 = 99,73 €.
Votre allocation journalière sera donc de :
- soit (99,73 x 40,4 %) + 11,17 = 51,46 €
- soit 99,73 x 57,4 % = 57,24 €

À NOTER

Montant minimal et maximal de l'ARE *Le montant journalier de l'ARE ne peut être inférieur à 27,25 € (valeur au 1er juillet 2010), ni dépasser 75 % du SJR.*

Sur le montant du SJR est prélevée une participation de 3 %, le montant de l'ARE ne pouvant être inférieur à 26,93 €.
Sur le montant de l'ARE, après abattement de 3 % (frais professionnels), est prélevé un montant de 6,2 % au titre de la CSG et de 0,5 % au titre de la CRDS.

Pendant quelle durée percevrez-vous l'ARE ?

La durée de perception de l'ARE varie en fonction de deux critères :
• Votre âge, d'une part.
Si vous avez plus de 50 ans le jour de la rupture de votre contrat de travail, la durée maximum d'indemnisation est de 1 095 jours, soit 3 ans d'indemnisation. Si vous avez moins de 50 ans au jour de la fin de contrat, la durée d'indemnisation est de 730 jours au maximum, soit 2 ans.
• La durée de votre affiliation à l'assurance chômage, d'autre part.
Cette durée s'apprécie au cours d'une période de référence qui est de 28 mois si vous avez moins de 50 ans, de 36 mois si vous avez plus de 50 ans.
Si au cours de ces 28 mois, vous avez cotisé pendant la totalité de cette période, votre durée d'indemnisation sera plafonnée à 2 ans si vous avez moins de 50 ans, et sera de 28 mois si vous avez dépassé 50 ans au jour de la rupture du contrat de travail.
Dans tous les cas, la durée d'indemnisation ne peut être inférieure à 122 jours.
La durée d'indemnisation peut être réduite, le cas échéant, par :
- l'imputation de périodes de formation ;
- le versement d'une aide différentielle au reclassement ;
- le versement d'une aide à la création ou à la reprise d'une entreprise.
Enfin, si vous atteignez l'âge de 61 ans pendant votre durée d'indemnisation, vous pouvez continuer d'être indemnisé jusqu'à ce que vous totalisiez le nombre

de trimestres pour pouvoir prétendre à une pension de retraite à taux plein (jusqu'à 65 ans maximum) à condition :
- d'avoir perçu au moins 365 jours d'indemnisation depuis l'ouverture des droits ;
- de justifier de 12 ans d'affiliation au régime d'assurance chômage ;
- de justifier de 100 trimestres validés par l'assurance vieillesse.

À partir de quand pouvez-vous être indemnisé ?

Si dans le cadre d'un licenciement pour motif économique vous avez bénéficié d'une CRP (convention de reclassement personnalisé), votre indemnisation court du jour de votre inscription comme demandeur d'emploi (à l'issue de votre CRP), sans différé de versement ni délai d'attente.
Sinon, un délai d'attente de 7 jours vous est imposé.
De plus, un différé de versement prend en compte l'indemnité de congés payés qui vous a été versée par votre employeur.
Un différé supplémentaire (plafonné à 75 jours) peut vous être appliqué si vous avez perçu des indemnités de rupture supérieures aux dispositions légales (indemnités supra légales).

ATTENTION ⚠

Remplissez vos obligations ! *Si vous ne respectez pas les obligations légales qui s'imposent à vous en tant que demandeur d'emploi* (voir p. 101)*, vous vous exposez à la suppression de l'indemnisation ou à sa réduction.*
La décision du préfet de suppression ou de réduction de l'indemnisation doit vous être notifiée : vous avez un délai de 10 jours pour présenter vos observations. Si la mesure prise est la suppression de l'ARE, vous devez être entendu par une commission ad hoc.

Les allocations spécifiques : CRP, ASR, ADR, ASS, RSA

Plusieurs types d'allocations particulières ont été prévus, remplaçant l'ARE dès le début de l'indemnisation ou venant, dans certains cas, la compléter ou s'y substituer.

La convention de reclassement personnalisé (CRP) et l'allocation spécifique de reclassement (ASR)

› Le principe

La convention de reclassement personnalisé (CRP) s'applique en cas de licenciement économique dans les entreprises de moins de 1 000 salariés (qui ne sont pas tenues de mettre en place les congés de reclassement).

La CRP est obligatoirement proposée par l'employeur au salarié, qui l'accepte ou non.

Si vous l'acceptez, votre contrat est rompu et vous bénéficierez, pendant une durée maximale de 12 mois, d'actions de soutien psychologique, d'orientation, d'accompagnement, d'évaluation des compétences professionnelles et de formations destinées à faciliter votre reclassement.

Sous réserve de totaliser 2 ans d'ancienneté dans l'entreprise, vous bénéficierez également d'une allocation spécifique de reclassement (ASR) et, éventuellement, si vous reprenez un travail moins rémunéré, d'une aide différentielle de reclassement (voir plus loin).

› Qu'est-ce que l'ASR ?

Pendant la durée de la CRP, vous bénéficierez, si vous êtes concerné, d'une allocation égale à 80 % de votre salaire journalier.

Elle ne peut être inférieure au montant de l'ARE que vous percevriez si vous aviez refusé la CRP.

L'ASR vous sera versée pendant une période de 12 mois.

Elle subit un prélèvement de 3 % au titre du financement des retraites complémentaires, mais n'est assujettie à aucune cotisation sociale. Le prélèvement de 3 % ne saurait entraîner une indemnité journalière inférieure à 27,25 €.

› Et après 12 mois d'indemnisation ?

Si au bout de 12 mois vous n'avez pas retrouvé du travail, vous rentrerez dans le régime commun de l'indemnisation et percevrez l'ARE, dans la limite de vos droits à celle-ci.

> **Cas pratique**
>
> **Petit calcul pour éclairer votre choix**
>
> Imaginons que, du fait de votre ancienneté, vous ayez droit à un préavis de 2 mois sur la base d'un salaire mensuel de 2 200 €.
>
> Avec l'ASR, vous bénéficierez de : 2 200 x 12 = 26 400 x 80 % = 1 620 €
>
> Sans l'ASR, vous bénéficierez de : 2 200 x 12 = 26 400 x 57,4 % = 15 153,60 + 4 400 = 19 553,60 €.

L'aide différentielle de reclassement (ADR)

› Le principe

Vous avez retrouvé un travail, mais celui-ci est moins bien rémunéré que votre précédent emploi : vous pourrez bénéficier d'une indemnité compensatoire qui vous permettra, sous certaines conditions, de combler le manque à gagner.

› Pouvez-vous en bénéficier ?

Oui, si :

- si vous avez plus de 50 ans ;
- ou, si âgé de moins de 50 ans, vous avez bénéficié d'un régime d'assurance chômage depuis plus de 12 mois (ASR ou ARE) ;
- si votre nouvel emploi se situe dans une autre entreprise que celle que vous avez quittée ;
- si votre nouveau salaire brut mensuel, est, pour un même volume d'heures de travail, inférieur d'au moins à 15 % à votre précédent salaire ;
- si, dans le cas d'un contrat à durée déterminée, celui-ci est au moins de 30 jours calendaires.

› Combien percevrez-vous et pendant combien de temps ?

Votre ADR sera égale à la différence entre votre salaire journalier de référence, multiplié par 30, et le salaire brut mensuel de votre nouvel emploi. Le différentiel est calculé *prorata temporis* si le mois n'est pas complet (embauche en cours de mois).

Cette aide différentielle est destinée à compenser, sur une période restreinte, la baisse de rémunération que vous avez subie.

Elle vous sera versée mensuellement, à terme échu, pour une durée qui ne peut dépasser la durée maximum de vos droits à allocation et dans la limite d'un montant total plafonné à 50 % de vos droits résiduels à l'ARE

Cas pratique

Vous aviez moins de 50 ans lors de votre licenciement. Votre dernier salaire était de 2 200 € par mois.
Ayant cotisé durant toute la période des 28 mois précédant votre licenciement, vous aviez donc droit au maximum de la durée d'indemnisation, soit 24 mois.
Votre ARE était de 41,52 € par jour soit 1 245,60 € par mois.
Vous avez retrouvé du travail après 14 mois d'indemnisation ARE. Il vous reste donc 10 mois maximum possible pour bénéficier de l'ADR.
Vos droits théoriques pour ces 10 mois sont donc de : 1 245,52 x 10 = 12 456 €.
Le salaire correspondant au poste que vous venez de retrouver est de 1 800 € par mois soit un différentiel de 400 €, soit 81,82 %
Vous pouvez donc prétendre au versement de l'ADR, sur la base de 400 € par mois et dans la limite de 10 mois.

L'allocation de solidarité spécifique (ASS)

› Le principe

Une allocation de solidarité spécifique peut être attribuée aux travailleurs privés d'emploi qui ont épuisé leurs droits à l'ARE.
Elle peut également être versée aux bénéficiaires de l'ARE âgés de plus de 50 ans, si son montant est plus élevé que celui de l'ARE à laquelle ils peuvent prétendre.
Enfin, elle est également versée aux artistes non salariés n'ayant pas droit à l'ARE.

› Les conditions d'ouverture

Vous pouvez demander le bénéfice de l'ASS si vous avez moins de 65 ans.
Si vous avez entre 60 et 65 ans, vous ne pouvez pas prétendre à une retraite à taux plein (insuffisance du nombre de trimestres).
Vous devez justifier d'un minimum de 5 ans d'activité professionnelle salariée à temps plein ou temps partiel au cours des 10 ans précédant la fin de votre contrat de travail (cette durée peut être réduite d'un an par enfant élevé, si vous avez interrompu votre activité au moins un an).
Vous devez remplir les conditions propres au demandeur d'emploi : aptitude physique, recherche effective, sauf si vous êtes dispensé de cette recherche (voir p. 102 les conditions de dispense, supprimées à partir de 2012).
Vos revenus doivent être inférieurs à 1 059,80 € si vous êtes célibataire, ou à 1 650,40 € si vous vivez en couple.

Ces revenus incluent l'ASS elle-même, ainsi que les autres ressources de l'intéressé et celles de son conjoint.

› Le montant de l'ASS

Le montant de l'ASS est fixé à 15,14 € par jour. Elle est versée à taux plein ou à taux réduit selon les ressources de l'intéressé :
- Si vos ressources sont inférieures à 605,60 € (personne seule) ou 1 211,20 € (couple), vous percevrez un ASS à taux plein soit 15,14 x 30 = 462 €/mois.
- Si vous êtes célibataire, et si vos ressources sont situées entre 605,60 € et 1 059,80 €, le montant de l'ASS est fixé à 1 059,80 € diminué du montant de vos ressources.
- Si vous êtes en couple et si vos ressources se situent entre 1 211,20 € et 1 665,40 €, le montant de l'ASS sera de 1 665,40 € diminué du montant de vos ressources.

Le revenu de solidarité active (RSA)

› Le principe

Le revenu de solidarité active est entré en vigueur le 1er juin 2009 : il remplace le RMI, la prime de retour à l'emploi, ainsi que la prime forfaire de reprise d'activité.
Il garantit un revenu minimum pour les personnes sans emploi (le RSA « socle »).
Les personnes qui travaillent mais dont les ressources sont insuffisantes bénéficieront d'un complément de revenu (RSA « chapeau »).
Le bénéficiaire du RSA bénéficiera également d'un accompagnement social et professionnel destiné à promouvoir un retour stable à l'emploi.

› Les conditions pour bénéficier du RSA

Il est nécessaire de :
- être Français ou étranger en situation régulière. En effet, pour pouvoir bénéficier du RSA, il faut résider en France, et, concernant les étrangers, pouvoir justifier d'un séjour régulier (au sens entendu par la CAF pour pouvoir bénéficier de ses prestations) ;
- avoir au moins 25 ans (les moins de 25 ans peuvent bénéficier du RSA s'ils ont un enfant né ou à naître).
Seront par ailleurs pris en compte votre situation familiale, l'ensemble de vos ressources ainsi que la valeur de votre patrimoine. Est notamment pris en compte le montant des prestations sociales que vous percevez.

› Le montant du RSA

• Le montant du RSA « socle » en 2011

NOMBRE D'ENFANTS DE MOINS DE 26 ANS OU PERSONNE À CHARGE					
Foyer	Sans enfant	1 enfant	2 enfants	3 enfants	Par enfant supplémentaire
Seul et sans aide au logement	466,99 €	700,49 €	840,59 €	1 027,38 €	186,79 €
Seul et avec aide au logement	410,95 €	588,41 €	701,89 €	888,68 €	186,79 €
En couple et sans aide au logement	700,49 €	840,59 €	980,69 €	1 167,48 €	186,79 €
En couple et avec aide au logement	588,41 €	701,89 €	841,99 €	1 028,78 €	186,79 €

• Le montant du RSA « chapeau »

Si vous avez une activité professionnelle, vous percevrez le montant du RSA « socle » indiqué ci-dessus, diminué de 38 % des revenus professionnels :

Cas pratique

Vous êtes marié et avez deux enfants, vous ne bénéficiez pas d'une aide au logement et vous percevez, vous et votre conjoint, 700 € de revenus, ainsi que 300 € d'allocations familiales.
Votre RSA sera donc de : 980,69 € - [(38 % x 700) + 300] = 980,69 - 566 = 414,69 €

Quelles leçons tirer de cette expérience ?

➤ **Demain est un autre jour. Faut-il, pour autant, faire table rase du passé ?**

➤ **Certainement pas : votre expérience est riche d'enseignements, et il faut savoir en tirer parti.**

Comment positiver ?

Un licenciement, quelle qu'en soit la nature, est un moment difficile à passer : il vous faut tout d'abord faire votre « deuil » : ne vous isolez pas dans votre tour d'ivoire et dans une solitude qui n'a pas lieu d'être : vous n'êtes (hélas) pas le seul à connaître cette situation.

Quelques chiffres

Selon les statistiques diffusées le 27 avril 2011 par le ministère de l'Emploi et Pôle emploi, le nombre de demandeurs d'emploi (catégorie A : chômeurs complets) s'établit à 2 680 000 en France métropolitaine à fin mars 2011. Ce nombre est en légère baisse (- 0,8 %, soit - 21 100) par rapport au mois de février. Sur une année complète, il révèle en revanche une hausse de 0,7 % par rapport à l'année précédente.

Sur la même période annuelle, le nombre de chômeurs en catégorie B et C (activité partielle) augmente, lui, de 4,8 % pour la catégorie B (moins de 78 heures mensuelles) et de 14 ,7 % pour la catégorie C (plus de 78 heures mensuelles).

Au total, le nombre de demandeurs d'emploi inscrits à Pôle emploi, toutes catégories confondues, s'établit à 4 045 000 pour la seule France métropolitaine, et à 4 306 200 si l'on inclut les DOM, soit au total une augmentation de 3,8 % sur un an.

Les femmes voient leur taux de chômage progresser pour la catégorie A (+ 3,8 %), celui des hommes accusant une baisse de 2,0 %.

Le pourcentage des chômeurs de longue durée continue de progresser : + 12,7 %, de même que celui des demandeurs âgés de plus de 50 ans (+ 14,2 %) sur un an.

Le nombre de sorties de Pôle emploi est en légère hausse (+ 0,4 %) sur un an. Comment pouvez-vous faire pour appartenir rapidement à cette catégorie ?

La richesse du passé : comment la mettre en valeur ?

› Première règle : faire le deuil de votre emploi perdu

Ne gardez pas cet événement pour vous : parlez-en avec votre conjoint, votre entourage, vos amis. Il n'y a pas de honte à avoir, vous n'êtes pas le seul à connaître, ou avoir connu, cet accident de la vie professionnelle.

N'hésitez pas, si vous craignez la « déprime », à consulter un spécialiste qui puisse vous aider à passer le cap et à redémarrer.

N'oubliez pas que rechercher du travail est un travail à temps complet. Faites-vous un planning journalier et respectez-le. N'en profitez pas pour abuser de grasses matinées quotidiennes ou de vacances permanentes (ce qui ne doit pas vous empêcher de faire quelques pauses nécessaires).

› Deuxième règle : procéder à un inventaire (actif et passif) de votre vie professionnelle

Cet inventaire est multiple :
- l'inventaire scolaire (scolarité primaire, secondaire, études supérieures, le cas échéant), diplômes obtenus, matières préférées, celles que vous ne supportiez pas... ;
- l'inventaire professionnel : la liste des entreprises où vous avez travaillé ou effectué un stage, les postes que vous avez occupés. À chaque fois, essayez de concrétiser, chiffres à l'appui ;
- l'inventaire relationnel : toutes les personnes que vous avez rencontrées et qui peuvent attester de vos qualités ou vous aider dans votre démarche actuelle de recherche d'emploi (collègues de travail, anciens patrons, voisins, clients, etc.). Mais, attention, ne les faites pas intervenir avant d'avoir défini votre projet professionnel.

› Troisième règle : établir votre bilan professionnel

Il s'agit maintenant de déterminer les qualités que vous avez prouvées au cours de vos expériences professionnelles et qui vont servir de base à la construction de votre (vos) projet(s) professionnel(s).
Pour ce faire, à partir de réalisations précises et concrètes (en fonction de votre expérience, bien sûr) et pour chacune de ces réalisations :
- vous devrez indiquer le contexte : urgence, conditions, personnes concernées, difficultés techniques ou relationnelles..., et les solutions que vous avez trouvées ;
- vous en déduirez les connaissances (savoirs), les compétences (savoir-faire) et les aptitudes (savoir-être) que vous avez su utiliser pour résoudre le problème qui vous était posé ;
- au travers des difficultés, voire des échecs, que vous avez pu rencontrer, vous analyserez ceux-ci, sans complexe, vous les « positiverez » pour en tirer les éléments à même de vous aider dans votre démarche actuelle ;
- il vous reste à réfléchir à vos souhaits de changement, à vos éventuelles déceptions dans votre dernier emploi (vos « vouloir-être »).
Vous avez réuni ainsi un certain nombre de « briques » que vous devez assembler pour bâtir un nouveau projet professionnel ou conforter votre ancien projet.
Ce, ou ces projets, devront être construits en fonction du marché possible de l'emploi.

Votre projet pour demain

Votre projet doit se présenter en quatre parties : formalisez-le en le notant sur quelques pages, cela vous facilitera sa présentation lors d'un entretien d'embauche, par exemple.

› Quoi ?

Quel est le type de poste que vous recherchez ? Notez le titre et la fonction. Vous pouvez, le cas échéant, trouver les définitions dans les conventions collectives. Elles peuvent indiquer le niveau de rémunération auquel vous pouvez prétendre. Cela vous permettra de cibler vos recherches et de bien structurer votre CV ou votre lettre de motivation.

› Où ?

Dans quel type d'entreprise ? Une entreprise artisanale, une PME ou une grande entreprise ? Choisissez en fonction de vos expériences, mais rien ne vous empêche de changer de structure pour autant.
Dans quel secteur géographique ? Votre nouvelle recherche peut être l'occasion de quitter votre région. Des aides peuvent vous être proposées par Pôle emploi. Renseignez-vous.

› Pourquoi ?

Comparez le profil du poste que vous souhaitez obtenir avec votre profil. Votre expérience va vous y aider, vous pouvez aussi compléter vos connaissances en consultant Internet, ou en questionnant votre conseiller Pôle emploi pour définir le profil type.
Vous allez ainsi mettre en lumière certains de vos atouts qui pourront faire la différence avec d'autres candidats (vous avez déjà occupé un poste équivalent dans une entreprise du même type, vous avez une double expérience, etc.).

MON CONSEIL

Consultez votre entourage *Pour vous assurer de la pertinence et de la faisabilité de vos projets, présentez-les aux personnes que vous avez notées dans votre inventaire relationnel. Elles pourront utilement vous conseiller.*

› Malgré...

L'examen ci-dessus vous fera peut-être découvrir que vous souffrez de certaines lacunes : méconnaissance de certaines techniques ou technologies (une formation de base en informatique serait peut-être utile). Consultez votre conseiller Pôle emploi : il vous dira si c'est important, et, si tel est le cas, il pourra vous proposer une formation complémentaire ou de mise à niveau.
Pour vous aider à synthétiser vos réflexions sur le pourquoi et le malgré, remplissez le tableau de la page suivante.

Exigences du poste	Profil du poste	Mes atouts	Mes faiblesses
Connaissances			
Compétences			
Expériences			
Aptitudes			

MON CONSEIL

Multipliez les projets *Parallèlement à votre projet principal, travaillez sur un second projet, dans un métier voisin. Votre recherche est également l'occasion de réfléchir à un projet de rupture. Préparez une fiche pour chacun de ces projets.*

› Illustration

Votre vie professionnelle est à l'image d'une construction basée sur des fondations ; elle a été édifiée en fonction de vos possibilités du moment. Petit à petit, elle a évolué en fonction des éléments supplémentaires que vous lui avez apportés : nouvelles connaissances, nouveaux savoir-faire (compétences), nouveaux savoir-être (aptitudes), et aussi vos souhaits personnels d'architecture, d'aménagement ou de localisation (appétences). Bien sûr, elle a été soumise aux exigences de l'environnement : voisinage, urbanisme, contraintes diverses…
Vous n'avez sans doute pas entièrement conscience de tout ce qui la constitue.
Votre licenciement, ou la rupture de votre contrat de travail quelle qu'en soit la cause, vous oblige aujourd'hui à la rebâtir.
Ce n'est plus un jeu comme celui des LEGO, mais il vous faut patiemment retrouver toutes les briques qui constituaient votre vie professionnelle :
- les briques concernant toutes vos connaissances : scolaires, professionnelles, techniques, informatiques, linguistiques… mais aussi les secteurs professionnels que vous connaissez (bâtiment, entreprises artisanales, commerce…), de même que les produits ou matériaux que vous connaissez, etc. ;
- les briques concernant tout ce que vous savez faire : diriger une équipe, dialoguer, produire, respecter des délais, contrôler, respecter des consignes… ;
- les briques constituant votre personnalité, vos aptitudes sont souvent plus difficiles à déceler : elles s'appellent capacité d'adaptation, écoute des autres, sens de la hiérarchie, tolérance, indépendance, etc. ;

- et enfin, une dernière catégorie de briques, sans doute les plus difficiles à placer lorsque le marché de l'emploi n'est pas très ouvert : celles qui définissent ce que vous avez envie de faire.

Maintenant que vous avez vos quatre petits tas de briques, il s'agit de rebâtir votre construction professionnelle, votre – ou vos – projet(s) professionnel(s), en tenant compte, évidemment, des contraintes du marché de l'emploi et de tout l'environnement économique du moment. Et puis, une fois que vous avez dressé les plans de votre projet, il ne vous restera plus qu'à établir les documents de publicité : CV et lettres de motivation.

Comment vendre votre projet ?

› Il s'agit de vendre votre projet, non pas de vous vendre vous

Vous n'êtes pas une marchandise que l'on tente de vendre ; en revanche, vous avez un projet professionnel qui a sa place sur le marché de l'emploi. C'est à vous de faire du marketing pour le vendre au mieux et dans les meilleurs délais.

› Comment trouver l'« acheteur » ?

Le marché de l'emploi a deux accès opposés, mais tout à fait complémentaires : employeur et salarié ont tous deux une offre à faire : emploi d'un côté, service de l'autre.

L'entreprise fait connaître ses besoins, ses offres d'emploi, de différentes façons :

- les annonces : si elles perdurent encore dans les journaux, ce mode d'information passe de plus en plus par Internet. Ne négligez pas le premier mode (principalement les journaux professionnels), mais apprenez à utiliser le second (notamment les sites Pôle emploi, Monster, Keljob, pour tous les niveaux de responsabilité, et Cadremploi, APEC pour les cadres…). Demandez à votre conseiller Pôle emploi la liste des sites qui correspondent le mieux à votre profil ;

> À NOTER
> **La forte croissance du recrutement par Internet** *Près de 80 % des recrutements se font aujourd'hui par l'intermédiaire des sites Internet.*

- les cabinets de recrutement : ils servent d'intermédiaire entre l'entreprise et le futur salarié. Les entreprises d'intérim jouent souvent ce rôle ;
- les relations : les entreprises, quelle que soit leur taille et quel que soit le salarié recherché, pourront avoir une préférence pour quelqu'un qui leur est recommandé ;
- et, bien sûr, Pôle emploi auquel les entreprises ont l'obligation de faire connaître les postes vacants.

De votre côté, vous avez à votre disposition les mêmes moyens : votre demande d'emploi et votre offre de service vont faire l'objet des mêmes types de supports que l'offre d'emploi :
- il vous faut tout d'abord faire connaître votre projet sur les sites Internet spécialisés et assurer régulièrement sa mise à jour de manière à ce qu'il continue à être lu par les recruteurs ;
- vous devez prendre contact avec les cabinets de recrutement ou les entreprises d'intérim, selon votre niveau, et leur laisser votre CV. Restez périodiquement en contact avec eux ;
- un patron qui reçoit un CV d'une personne qu'il connaît y sera naturellement plus attentif. C'est encore l'occasion de ressortir et d'utiliser l'inventaire relationnel que vous avez établi.
Et consultez régulièrement les offres publiées par Pôle emploi.

Les supports de votre offre de service : le CV, la lettre de motivation et l'entretien d'embauche

MON CONSEIL

Vous lirez avec profit les trois ouvrages CV, Lettre de motivation et Entretien d'embauche, *écrits par Gilles Payet dans la collection « Un coach à vos côtés ! » (éditions Prat).*

› Le CV

Le CV est le premier élément que vous mettrez sur le marché : il doit donc être particulièrement soigné pour pouvoir se distinguer de la multitude de CV que vont recevoir employeur et cabinet de recrutement.
Votre CV est à adapter en fonction de l'offre d'emploi auquel il répond, si tel est le cas.
De la même manière, il doit correspondre à vos différents projets professionnels.
Les CV que vous enregistrez sur un site Internet doivent être régulièrement actualisés. Au moins deux fois par mois, changez une formulation, un mot, de manière à les « rénover » et à les remettre sur « le dessus de la pile ».
S'il est indispensable que votre (vos) CV figure(nt) sur différents sites de recrutement, rien n'empêche que vous utilisiez le format papier : dans la mesure où il se fait rare, il pourra retenir l'attention du DRH ou du patron, noyé sous l'abondance des CV informatisés. De toute façon, vous ne risquez que le prix du timbre et de l'enveloppe…

Les règles de base du CV

Il doit être court : pas plus d'une page, même si vous avez une longue expérience professionnelle. Avoir plus de 45 ans et une longue carrière diversifiée ne justifie pas une seconde page.
Les rubriques doivent être distinctes et de lecture aisée.
Pour faciliter leur enregistrement dans les CVthèques, enregistrez-les sous format PDF.
Attention à l'orthographe : la multiplication de fautes peut être rédhibitoire.

Le contenu du CV

Cinq parties sont indispensables :
• Votre état civil : nom, prénom, adresse postale, téléphone, adresse mail, si vous en avez une, sont indispensables. Vous pouvez (et nous vous le conseillons) ajouter votre âge et votre situation de famille.
• L'« accroche » : c'est ce qui va résumer votre offre de service et attirer l'attention de votre lecteur, choisissez donc des mots percutants. C'est au travers de l'accroche que vous démontrerez que votre offre de service correspond au besoin exprimé : l'offre d'emploi.
• Vos expériences professionnelles :
- commencez par votre dernière expérience et remontez dans le temps ;
- indiquez les durées de chaque expérience ;
- indiquez le nom de la structure qui vous a employé et indiquez sommairement le secteur d'activité, les effectifs, le chiffre d'affaires ;
- faites une synthèse du contenu de votre fonction.
• Mentionnez votre formation, les diplômes qui l'ont sanctionnée (CAP mécanique automobile, master professionnel…). Indiquez également vos connaissances linguistiques et informatiques.
• Enfin, mentionnez vos centres d'intérêt : activité sportive, cinéma, lectures, etc. Ils permettront à votre interlocuteur de mieux comprendre votre personnalité.

MON CONSEIL

Faut-il ajouter une photo à votre CV ? *La photo est à utiliser avec modération. Bien sûr, insérez une photo si cette demande est précisée dans l'annonce. Une photo est également utile si vous répondez à une offre impliquant une relation commerciale ou d'accueil. Sinon, abstenez-vous.*

› La lettre de motivation

Selon que cette lettre répond à une offre identifiée ou qu'elle est le départ d'une candidature spontanée, le contenu devra tenir compte de l'objet.
Le plan de la lettre de motivation reste dans tous les cas le même : Vous, Moi, Nous.
Elle doit impérativement être courte : 7 ou 8 phrases maximum qui ne doivent pas dépasser une vingtaine de mots chacune, sans fautes d'orthographe, bien sûr.

Le contenu de la lettre de motivation

VOUS

Plutôt que de vous contenter d'une phrase banale du type « C'est avec plaisir que je réponds à votre annonce concernant le poste de... », essayez de trouver une accroche plus en rapport avec l'entreprise auprès de laquelle vous postulez.
Pour ce faire, et de toute façon cela vous servira pour un entretien ultérieur, renseignez-vous sur l'entreprise :
- renseignez-vous auprès de vos relations : un ami, un voisin peuvent connaître l'entreprise et vous faire part de sa vision ;
- passez un petit moment sur le site Internet de l'entreprise, vous y apprendrez des informations intéressantes : chiffre d'affaires, vie de l'entreprise, organigramme, etc. ;
- et pourquoi pas aller passer quelques moments dans le hall d'accueil (si l'entreprise n'est trop éloignée et si des raisons de sécurité n'en interdisent pas l'accès), vous y découvrirez le style de la maison : façon de s'habiller, décor, personnel décontracté ou stressé...
Profitez de votre visite pour jeter un œil sur les panneaux syndicaux ou des représentants du personnel : leur lecture peut être très instructive.

MOI

Sachez trouver les mots qui feront ressentir à votre lecteur qu'il a affaire, non pas à un simple salarié, mais à un collaborateur qui lui apportera, sans ambition de prendre sa place, les expériences et les compétences dont il a besoin (*voir tableau page suivante*).
Si vous répondez à une annonce, il vous faudra savoir analyser celle-ci en détail et y trouver les mots-clés que vous placerez dans votre lettre.
Il faut que votre lecteur retrouve dans votre missive sa culture d'entreprise et ce qu'il attend de son futur collaborateur.

VOUS + MOI = NOUS

En trois lignes, résumez ce que vous apporterez à l'entreprise et ce que vous en attendez : nouvelle expérience, participation au développement, etc.

En-tête et conclusion

N'oubliez pas d'indiquer vos coordonnées (en haut et à gauche), le destinataire (nominativement si vous connaissez son nom), la date d'envoi, l'objet du courrier (candidature spontanée ou référence à l'annonce).
Terminez par une formule de politesse en indiquant que vous êtes à la disposition du destinataire pour convenir d'une date d'un entretien (ou, mieux, indiquez que vous vous permettrez sous huitaine ou quinzaine de prendre contact avec l'assistant(e) du destinataire pour fixer une date d'entretien).

› L'entretien de recrutement

Vous approchez du but : la date de votre entretien (il y en aura sans doute plusieurs) est fixée. Bravo !

Vous avez réussi à convaincre celui qui sera peut-être votre futur patron. Il vous reste à transformer l'essai.

TABLEAU D'ANALYSE D'UNE ANNONCE		
Caractéristiques	**Mots-clés**	**Mon adéquation**
Entreprise		
Secteur, activité		
Produit		
Marché		
Localisation		
Structure		
Chiffre d'affaires		
Moyens		
Culture		
Poste		
Titre		
Dépendance hiérarchique		
Responsabilités		
Salaire		
Candidat		
Qualité requise 1		
Qualité requise 2		
Expérience		

La préparation de l'entretien

Persuadez-vous, pour mieux persuader votre interlocuteur, que c'est une partie « gagnant-gagnant ».

Pour vous, il s'agit de retrouver un emploi, le salaire qui va avec, et une satisfaction tant professionnelle que personnelle.

Pour le recruteur, il aura trouvé la personne qu'il cherchait, fidèle, motivée et compétente.

Pour vous préparer :
- relisez votre bilan professionnel à la lumière de ce que vous a déjà appris la lecture de l'offre d'emploi, remémorez-vous les réalisations qui vous paraissent les plus pertinentes pour convaincre votre interlocuteur ;
- relisez l'offre d'emploi ;
- si vous ne l'avez pas encore fait, renseignez-vous au maximum sur l'entreprise ;
- essayez de prévoir les questions embarrassantes, telles que les périodes prolongées d'inactivité, ou la cause de votre licenciement. La meilleure manière de passer l'obstacle est de répondre à la question avant qu'elle ne vous soit posée : si votre affirmation est convaincante et claire, le plus souvent, elle suffira ;
- vérifiez l'adresse de votre entretien et la manière de vous y rendre : n'arrivez surtout pas en retard. Un peu d'avance vous permettra d'être plus décontracté et de vous imprégner de l'ambiance de l'entreprise ;
- préparez une sacoche pour rapporter les documents qui vous seront éventuellement remis. Au cas où vous seriez conduit à prendre des notes, apportez un stylo et un bloc-notes. Ne prenez cependant des notes que sur des éléments précis et après en avoir demandé l'autorisation à votre interlocuteur ;
- ayez une tenue correcte et adaptée au poste et à l'entreprise, soyez propre, coiffé, mais sans ostentation.

Le déroulement de l'entretien

Il n'y a pas de scénario type pour un entretien, mais il y a des phases obligatoires.

Quand vous serez introduit dans le bureau du DRH ou du manager, saluez poliment en utilisant le patronyme de votre interlocuteur : « Bonjour Monsieur Durand, je suis Monsieur Martin » est plus agréable à entendre que « Salut, cela fait 10 minutes que j'attends »...

On vous invitera d'abord à vous asseoir : ne soyez ni avachi, ni raide. Trouvez une position où vous serez à l'aise, cela s'apprend sans difficulté, ne gardez pas les bras croisés sur la poitrine, laissez-vous libre de mouvements pour accompagner vos paroles : la gestuelle est souvent révélatrice de la personnalité... Regardez votre interlocuteur, mais sans provocation...

La présentation de l'entreprise par votre interlocuteur est tout aussi normale que celle que l'on vous demandera de faire de vous-même. Pour vous présenter, soyez clair, précis et concis, le temps de votre interlocuteur est sans doute compté. S'il souhaite plus de précisions, c'est à lui de vous les demander.

Se déroulera ensuite le jeu des questions et des réponses : votre interlocuteur n'est ni un bourreau, ni un sadique, ce qui ne l'empêchera peut-être pas de vous poser quelques questions « pièges ». Vous pouvez, dans ce cas, prendre le temps de réfléchir 15 secondes pour « botter en touche ».

Vous poserez, quant à vous, les questions pertinentes que vous aurez préparées sur l'entreprise ou sur le poste. Mais ne posez pas d'emblée des questions sur le régime des congés ou la qualité du restaurant d'entreprise...

Il est assez rare que vous sachiez à l'issue de l'entretien si votre candidature a été ou non retenue. Votre interlocuteur vous indiquera le délai vraisemblable d'attente d'une décision ou d'un second rendez-vous.

Et après l'entretien ?

Tout d'abord, adressez un mot de remerciement à celui (ou celle) qui vous a reçu. En trois paragraphes, faites part de la qualité de l'accueil, de l'impression que vous a faite la présentation de l'entreprise et, surtout de votre intérêt pour le poste.
Puis, faites, pour vous-même, une brève analyse de l'entretien :
- vos points forts au cours de celui-ci ;
- les moments où vous vous êtes senti embarrassé :
- les questions qui vous ont mis mal à l'aise ;
- les points qui n'ont pas été abordés.

Si vous êtes invité à un second entretien, vous pourrez ainsi rebondir sur les questions non traitées.
Dans le cas contraire, cela vous servira d'entraînement pour les prochains entretiens que vous passerez.

› Les tests

Aujourd'hui, près de trois recruteurs sur quatre font passer des tests. On peut se préparer à certains tests (tests d'aptitude intellectuelle ou de logique), mais on ne peut guère le faire pour les tests de personnalité : pour ces derniers, restez naturel et spontané. N'essayez pas de tricher, votre « testeur » le remarquerait tout de suite.

Les tests de personnalité

Ils s'appellent « papi », « sosie » ou « PSV20 ». Désormais, ils ne sont plus réservés aux cadres supérieurs : si vous êtes jeune diplômé ou technicien, vous avez une bonne chance de les passer. Il n'y a pas dans ces tests de bonne ou mauvaise réponse. Si vous essayez de forcer le trait, la qualité que vous vouliez démontrer deviendra vite un défaut : votre autorité apparaîtra comme de l'autoritarisme. Alors, attention, restez sincère.

Les tests d'aptitude intellectuelle et les exercices de progression

Les tests d'aptitude intellectuelle proposent des suites de dominos, des figures à compléter, des séries de chiffres ou de lettres dont il faut deviner le chaînon manquant.
Les exercices de progression mesurent le mouvement sous forme de chiffres, de graphiques ou de courbes, car gérer consiste à prévoir et donc d'imaginer la suite.

Cas pratiques

Exemple simple
8 - 12 - 16 - 20 - ?
Réponse : 24. La progression étant de 4 entre chaque nombre.

Exemple un peu plus compliqué
2 - 7 - 17 - 37 - 77 - ?
Réponse : 7 x 2 = 14 + 3 = 17 ; 17 x 2 = 34 + 3 = 37 ; 37 x 2 = 74 + 3 = 77 ; 77 x 2 = 154 + 3 = 157

Les tests de mémoire

Ils cherchent à mesurer votre capacité non pas à retenir, mais à structurer : il s'agit de relier les éléments présentés entre eux.

Cas pratique

Une liste de 20 mots vous est présentée : loup, clou, voilette, vertu, chèvre, marteau, chêne, pudeur, moineau, fauteuil, platane, orgueil, limace, avion, rose, chasteté, chien, banc, amandier, santé.
Il convient de regrouper ces mots par famille : les animaux, les objets, les végétaux et les mots abstraits.

À NOTER

Un site Internet pour vous entraîner *Si vous le souhaitez, le site www.test-emploi.com vous propose gratuitement de passer quelques tests en guise d'entraînement.*

La proposition d'un contrat

Ca y est, vous êtes sorti vainqueur de votre dernier entretien de ce parcours difficile, on vous propose un contrat de travail. Que faire ?
Avant le contrat lui-même, on vous remettra souvent une lettre d'embauche. Celle-ci stipule généralement l'emploi proposé, le salaire, les horaires et la date de début. Le contrat de travail vous sera envoyé plus tard ou remis le premier jour de votre arrivée.
Il peut s'agir d'un CDI ou d'un CDD, ou encore d'un contrat de mission (voir *Les types de contrats de travail les plus fréquents*, p. 4).
Vous hésitez à accepter la proposition qui vous est faite. C'est normal, mais compte tenu de la situation de l'emploi, ne refusez pas sur un coup de tête.
Faites un tableau reprenant les éléments positifs et négatifs de la proposition. Prenez en compte la durée d'indemnisation qu'il vous reste, le nombre de propositions que vous avez eues, la durée de votre période de chômage. Prenez ensuite la meilleure décision, en vous entourant de l'avis de personnes en qui vous avez confiance.
(*Voir tableau page suivante*)

Critères de décision	Éléments positifs	Éléments négatifs
Entreprise		
Secteur d'activité		
Localisation		
Responsable hiérarchique		
Poste		
Responsabilités		
Salaire		
Horaires		
Mes chances de réussite		
Mes connaissances		
Mes expériences		

Voilà, il ne vous reste plus qu'à prendre votre décision.
Bonne chance !

Qui peut vous aider tout au long de cette démarche ?

Il ne faut pas que vous restiez seul dans cette démarche de recherche d'un nouvel emploi : vous aurez besoin, parfois, de parler, d'échanger sur les difficultés rencontrées... Vous aurez aussi besoin de conseils, d'informations, sur les plans juridiques, professionnels, personnels, au fur et à mesure que vous cheminerez sur le chemin du retour à l'emploi. Enfin, un « miroir » vous aidera à améliorer ou à rectifier l'image que vous donnez de vous-même.

Votre entourage proche

Conjoint, parents, famille, amis, voisins sont ceux qui vous connaissent le mieux, et qui, de ce fait, sont les plus à même de vous écouter, de partager votre souci et de vous aider à faire votre « deuil » de l'emploi perdu.

Vous rencontrerez, parmi eux, certains qui ont vécu la même situation et qui vous diront comment ils ont surmonté cet accident, les pistes qu'ils ont suivies, les difficultés rencontrées et les solutions qu'ils ont trouvées.

Ils seront, par ailleurs, les premiers éléments de votre réseau relationnel sur lequel vous pourrez vous appuyer pour vous aider quand vous aurez défini votre projet professionnel.

Un médecin

Si vous vous sentez particulièrement et profondément déstabilisé par votre situation, si vous ressentez une certaine « déprime », n'ayez aucun complexe à consulter votre médecin habituel et, pourquoi pas, un « psy » (psychologue, psychothérapeute, ou psychiatre) dont c'est le métier. Il est important que vous démarriez la phase active de recherche dans la meilleure forme physique et psychologique.

Pôle emploi

C'est une des missions de Pôle emploi que de vous accompagner dans cette démarche : Pôle emploi a pour objectif de vous aider à réaliser votre bilan de compétences et à définir votre projet professionnel. Il peut confier cette double mission à des cabinets spécialisés extérieurs. C'est à lui, entre autres, de vous aider à valoriser les acquis de votre expérience (VAE), ce qui vous permettra de pallier l'absence éventuelle de diplômes par votre expérience professionnelle.

Les maisons de l'emploi et les services municipaux de l'emploi

Les maisons de l'emploi ont été mises en place en France dans le cadre de la loi de cohésion sociale. Elles sont sous la responsabilité de collectivités territoriales (commune, groupement de communes, département, région…). Elles rassemblent les représentants d'organismes publics (DIRECCTE, Pôle emploi) et les représentants des employeurs ou d'associations spécialisées.

Elles ont pour mission de :

- anticiper l'ensemble des besoins du territoire concerné en matière d'emploi et réaliser leur articulation avec les besoins de formation ;
- informer, orienter et faciliter l'accès ou le retour à l'emploi…

Renseignez-vous auprès de votre mairie qui, à défaut d'une maison de l'emploi proche, peut disposer d'un service municipal de l'emploi qui vous aidera dans votre démarche, ne serait-ce que par la mise à disposition d'un outil informatique, ou l'aide à la rédaction d'un CV.

N'hésitez pas, non plus, à prendre contact avec les chambres de commerce et d'industrie ou, selon votre domaine d'activité, avec les chambres de métiers et de l'artisanat.

Un coach

Les lignes suivantes sont extraites de plaquettes de « coachs » spécialisés dans l'accompagnement des demandeurs d'emploi.

« En termes de recherche d'emploi, le client et son coach vont :

- définir clairement l'objectif à atteindre. Exemple : trouver un emploi dans un secteur professionnel défini ; réussir un entretien d'embauche ; se débarrasser d'un comportement limitant, d'un frein, d'un blocage ; améliorer sa communication, augmenter sa confiance et son estime de soi, etc. ;
- explorer les bénéfices et les coûts ;
- mettre à jour les ressources intrinsèques et extrinsèques de la personne ;
- élaborer des stratégies et des plans d'action pas à pas ;
- superviser des plans d'action. »

« Le demandeur d'emploi est une personne en transition…

Il doit faire le deuil de son ancien job, trouver en lui-même les ressources pour faire les démarches, affronter les réponses négatives, le regard de l'autre ; accepter sa colère, ses remises en cause, son moral en berne, sa baisse de revenus, etc.

On lui propose des bilans de compétences pour faire le point et bâtir un projet professionnel, évaluer ses compétences et valider ses acquis, etc., mais si peu souvent des séances de coaching. Pourtant, ces outils sont complémentaires et l'un ne devrait pas aller sans l'autre. Combien de personnes n'ai-je pas quitté, à la fin d'un bilan, avec un projet bien ficelé… et qui, trois mois après, avaient abandonné !

Le coach travaille, sur plusieurs plans, la recherche d'emploi, bien sûr, mais aussi sur la personne… »

Vous trouverez sur Internet les coordonnées des cabinets spécialisés et des coachs individuels : il en existe partout en France, dont certains ont une réputation de savoir-faire méritée.

Les associations

Elles sont très nombreuses, purement locales, ou ont des implantations sur plusieurs sites (telle l'AVARAP, Nouvelle Donne, ACTE, MNCP ou SNC). Elles sont spécialisées sur une catégorie de demandeurs d'emploi ou plus largement ouvertes à toutes les catégories professionnelles (SNC ou MNCP). Vous trouverez leurs coordonnées sur Internet.

Animées par des bénévoles, elles offrent toutes une assistance identique :
- établissement d'un bilan professionnel ;
- définition d'un projet ;
- stratégie de vente de ce projet.

Elles se spécifient par l'articulation de différentes offres : sessions périodiques, permanence de l'accueil, suivi individuel et/ou travail en groupe, SAV (service après-vente, c'est-à-dire suivi de l'intégration dans le nouvel emploi).

Pour connaître les associations qui existent dans votre région, consultez Internet ou renseignez-vous auprès de votre mairie, de Pôle emploi… ou auprès de vos amis qui ont pu utiliser leurs compétences.

MON CONSEIL

Comment choisir l'accompagnement qui vous convient ? *Plusieurs critères :*
- *le coût ;*
- *le savoir-faire professionnel ;*
- *la méthodologie ;*
- *l'accompagnement individuel ;*
- *le travail en groupe ;*
- *la durée de l'accompagnement ;*
- *le suivi après reprise.*

Faites un essai : coachs et associations vous proposent souvent un premier contact sans engagement.

Voilà, vous savez tout, ou presque, depuis votre convocation à l'entretien préalable jusqu'à la signature de votre nouveau contrat. Alors, bonne chance !

Modèles de lettres et de documents

Attestation de témoignage

Je soussigné(e) ....
Né(e) le .... à ....
Profession :

Domicile :

Sans lien de parenté ni d'alliance avec les parties *(dans le cas contraire, préciser le lien d'alliance ou de parenté)*.

Sans lien de subordination, de collaboration ou de communauté d'intérêt avec les parties *(dans le cas contraire, préciser la nature de ces liens)*.

Certifie par la présente l'exactitude des faits ci-dessous rapportés, pour en avoir été témoin :

....

....

....

Cette attestation est remise à M. *(ou Mme)* .... pour être produite au cours du différend qui l'oppose à ....

Je sais que cette attestation écrite de ma main est destinée à être produite en justice, et que je m'expose à des sanctions pénales en cas de faux témoignage.

Fait à ....

Le ....

Lu et approuvé

Signature :

Je joins à la présente une photocopie de ma carte d'identité.

Convention d'honoraires de résultat

Il a été convenu ce qui suit.

Article 1
Pour la procédure de contestation du licenciement de Monsieur/Madame .... devant le Conseil de prud'hommes de ....

Madame/Monsieur .... confie à Maître ...., qui accepte la mission de le/la représenter, l'assister, le/la conseiller, mener à bien toutes opérations et procédures nécessaires au recouvrement de fonds qui lui sont dus dans le cadre de la procédure l'opposant à la société ....

Il s'agit en l'espèce d'engager une procédure devant le Conseil de prud'hommes de .... visant à obtenir que le jugement à intervenir constate que le licenciement de Monsieur/Madame .... était dépourvu de cause réelle et sérieuse, etc. .... et par voie de conséquence de condamner la société .... au paiement des indemnités et dommages-intérêts en réparation du préjudice subi.

Maître .... s'engage à apporter à la mission qui lui est confiée, soin, diligence et efficacité. Il rendra compte à Madame/Monsieur .... de l'état d'avancement de la procédure de façon régulière et complète et lui soumettra toutes les écritures et pièces de la partie adverse ainsi que ses projets d'écriture.

Article 2
D'un commun accord, il sera facturé un honoraire forfaitaire de .... € HT soit .... € TTC.

Cet honoraire couvrira les honoraires de Maître .... jusqu'au prononcé du jugement par le Conseil de prud'hommes de ....

Article 3
À cet honoraire forfaitaire, s'ajoute un honoraire de résultat. L'honoraire de résultat est d'un commun accord, compte tenu de la complexité et de l'intérêt du litige, fixé par référence aux sommes qui seront récupérées sur une base équivalente à ...... % TTC des sommes recouvrées.

Cet honoraire de résultat sera versé en cas de succès, et dans l'hypothèse où le défendeur serait condamné, mais également dans l'hypothèse où une transaction interviendrait à un moment quelconque de la procédure.

Cet honoraire pourra être prélevé par Maître ………… sur les sommes recouvrées au fur et à mesure.

Cet honoraire de résultat sera exigible après exécution d'une décision définitive de première instance ou d'appel ou d'un procès-verbal de transaction définitif.

En cas de pourvoi en cassation, l'honoraire complémentaire de résultat sera exigible après exécution d'une décision définitive de cour d'appel de renvoi ou d'un procès-verbal de transaction définitif.

Article 4
Les honoraires ne comprendront ni les débours, ni les dépens, qui devront être payés par la partie défaillante ou par la cliente à défaut, et sur présentation de justificatifs.

Article 5
Dans l'hypothèse où Madame/Monsieur ………………… souhaiterait dessaisir Maître …….. et transférer son dossier à un autre avocat, elle/il s'engage à régler sans délai les honoraires, ainsi que les frais, débours et dépens dus à Maître ……….. pour les diligences effectuées antérieurement au dessaisissement.

Si le dessaisissement de Maître …….. intervient après instruction complète du dossier et avant audience de plaidoirie, l'honoraire complémentaire de résultat lui restera dû.

Article 6
Conformément au Décret du 9 juin 1972, toute difficulté relative à l'exécution de la convention sera soumise à la juridiction du Bâtonnier de l'Ordre des Avocats du Barreau de ………

Fait à ……. le ………

En deux exemplaires, un pour chacune des parties

Signatures :

Demande d'aide juridictionnelle

Demande d'aide juridictionnelle

(Loi n°91-647 du 10 juillet 1991 et décret n° 91-1266 du 19 décembre 1991)

cerfa n° 12467#01

VOUS-MÊME :

Madame ❐ Monsieur ❐

Votre nom *(de naissance)* :

Eventuellement, votre nom d'époux(se)

Vos prénoms :

Votre date de naissance : ☐☐ ☐☐ ☐☐☐☐ Votre lieu de naissance :

Votre nationalité : française ☐ de l'Union européenne ☐ autre ☐

Votre adresse :

Code postal : ☐☐☐☐☐ Commune :

Votre numéro de téléphone ou de télécopie, le cas échéant : ☐☐ ☐☐ ☐☐ ☐☐ ☐☐

Votre profession ou situation actuelle :

Vous vivez : seul(e) ☐ en couple ☐ Depuis le : ☐☐ ☐☐ ☐☐☐☐

VOTRE CONJOINT(E), VOTRE CONCUBIN(E) OU VOTRE PARTENAIRE D'UN PACS :

Son nom *(de naissance)* :

Eventuellement, son nom d'époux(se)

Ses prénoms :

1

VOS ENFANTS ET LES PERSONNES À VOTRE CHARGE OU HABITANT HABITUELLEMENT AVEC VOUS :

Nom(s) et prénoms	Lien de parenté (ex : fils, neveu, mère)	Date de naissance

Si vous manquez de place, complétez cette liste sur une feuille blanche que vous joindrez à votre demande

Si la demande est faite au nom d'un enfant mineur *(moins de 18 ans)* ou d'un majeur protégé *(placé sous tutelle, curatelle...)*

Nom et prénom du représentant légal :

Précisez *(père, mère, tuteur, curateur, administrateur légal, administrateur ad hoc)* :

Adresse du représentant légal :

Code postal : ☐☐☐☐☐ Commune :

Téléphone *(facultatif)* : ☐☐ ☐☐ ☐☐ ☐☐ ☐☐

Demande d'aide juridictionnelle

(Loi n°91-647 du 10 juillet 1991 et décret n° 91-1266 du 19 décembre 1991)

VOTRE AFFAIRE :

Votre ou vos adversaire(s) : *(à compléter dans la mesure où vous possédez ces informations)*

NOM	PRENOMS	ADRESSE

Si vous manquez de place, complètez cette liste sur une feuille blanche que vous joindrez à votre demande

Décrivez l'accord amiable que vous souhaitez conclure ou exposez votre affaire :

2

Avez vous déjà bénéficié d'une aide juridictionnelle dans cette affaire ? Oui ❒ Non ❒

Cette aide concernait-elle une transaction ? *(c'est-à-dire un accord amiable avec votre adversaire)* Oui ❒ Non ❒

Un juge a-t-il déjà été saisi dans cette affaire ? Oui ❒ Non ❒

Si oui, précisez la juridiction :

(Exemple : tribunal de grande instance de Nanterre)

et la date à laquelle vous êtes convoqué(e) : ☐☐ ☐☐ ☐☐☐☐

Souhaitez-vous faire exécuter une décision de justice déjà rendue ? Oui ❒ Non ❒

Si oui, à quel endroit doit-elle être exécutée?

Souhaitez-vous exercer un recours contre une décision de justice ? Oui ❒ Non ❒

VOUS CHOISISSEZ OU DEMANDEZ L'ASSISTANCE DE :

Vous avez choisi :

un avocat ❒ *un avoué* ❒ *un huissier de justice* ❒

Maître : ...

Adresse : ...

Téléphone : ...

ou

Vous demandez la désignation :

d'un avocat ❒ *d'un avoué* ❒ *d'un huissier de justice* ❒

Des honoraires ont-ils déjà été versés ? Oui ❒ *(joignez la copie de la facture payée)* Non ❒

Avez-vous une assurance prenant en charge les frais du procès (facultatif) ? Oui ❒ Non ❒

Demande d'aide juridictionnelle

(Loi n°91-647 du 10 juillet 1991 et décret n° 91-1266 du 19 décembre 1991)

Déclaration de ressources

QUELLE EST LA PÉRIODE PRISE EN COMPTE POUR LE CALCUL DE VOS RESSOURCES ?

- Si, au moment de votre demande, vos ressources n'ont pas changé depuis l'année dernière, les ressources prises en compte seront **celles que vous avez déclarées pour la période du 1er janvier au 31 décembre de l'année dernière.**
- Si votre situation financière a changé *(à la suite d'un licenciement ou inversement d'une reprise d'activité, d'une séparation ou d'une nouvelle union,...)*, ce sont vos ressources actuelles qui seront prises en compte, à partir du 1er janvier de cette année et jusqu'à la date de votre demande.

Si vous êtes allocataire du RMI, du fonds national de solidarité ou de l'allocation d'insertion, ou si vous êtes victime d'un des crimes considérés comme étant les plus graves ou ayant droit d'une victime de tels actes (meurtre, actes de torture ou de barbarie, viol...), ou si votre action est engagée devant le tribunal départemental des pensions militaires ou la cour régionale des pensions, vous n'avez pas à remplir cette déclaration ; il vous suffit de produire le justificatif de votre situation.

		Vos ressources	Les ressources de votre conjoint(e), concubin(e) ou partenaire de PACS	Les ressources d'une autre personne vivant habituellement au foyer (enfant ou personne à charge) précisez :	Les ressources d'une autre personne vivant habituellement au foyer (enfant ou personne à charge) précisez : ....
a.	Aucun revenu				
b.	Salaires, traitements nets imposables *(figurant sur vos fiches de paye)*				
c.	Revenus non-salariés *(revenus agricoles, industriels ou commerciaux ou non commerciaux)*				
d.	Allocations de chômage				
e.	Indemnités journalières *(maladie, maternité ,maladie professionnelle, accident du travail)*				
f.	Pensions, retraites, rentes et préretraites				
g.	Autres ressources *(ex : loyers que vous avez perçus, revenus des capitaux, revenus des valeurs mobilières...)*				
h.	Pensions alimentaires *(montant qui vous a été effectivement versé)*				
i.	Ressources imposables à l'étranger converties en euros				

Si vous manquez de place, complétez cette liste sur une feuille blanche que vous joindrez à votre demande

Indiquez :

- les pensions alimentaires que vous versez à des tiers :

....

....

....

- la nature et la valeur des biens mobiliers *(actions, obligations, capitaux...)* et l'adresse et la valeur des biens immobiliers *(maison, terrain...)* même non productifs de revenus dont vous disposez :

....

....

....

Demande d'aide juridictionnelle

(Loi n°91-647 du 10 juillet 1991 et décret n° 91-1266 du 19 décembre 1991)

Vous souhaitez apporter des informations complémentaires sur votre situation :

Important :

Même si vous avez obtenu l'aide juridictionnelle, le juge peut, dans certains cas, vous condamner à payer les frais du procès engagés par votre adversaire.

Si votre action en justice est déclarée abusive par le juge, ou si vos ressources ont beaucoup augmenté depuis le moment où vous avez fait votre demande, ou en cas de fausse déclaration, l'aide juridictionnelle peut vous être retirée. Vous devrez alors rembourser tout ou partie des dépenses avancées par l'Etat.

Attestation sur l'honneur

Je soussigné(e) certifie sur l'honneur que les renseignements portés sur cette demande d'aide juridictionnelle sont exacts :

Date : ☐☐ ☐☐ ☐☐☐☐ *Signature du demandeur :*

La loi rend passible d'une peine de quatre ans d'emprisonnement et/ou de 9000 euros d'amende toute personne qui aura fourni, en connaissance de cause, des renseignements inexacts ou incomplets dans la présente demande d'aide juridictionnelle (article 22 - II de la loi n°68-690 du 31 juillet 1968).

La loi n°78-17 du 6 janvier 1978 relative à l'informatique, aux fichiers et aux libertés vous garantit un droit d'accès et de rectification des données auprès des organismes destinataires de ce formulaire.

▶▶| *Vous avez rempli votre demande d'aide juridictionnelle. Pour que votre dossier soit complet, vous devez fournir les pièces indiquées au dos de la notice jointe.*

Lettre de contestation suite à la radiation de la liste des demandeurs d'emploi

Nom :
Prénom :
Adresse :
Le .../.../201...

Monsieur le Directeur
du Pôle emploi,
Adresse
LR/AR

Monsieur le Directeur,

Par courrier en date du .../.../201..., vous m'avez fait connaître votre décision de me radier de la liste des demandeurs d'emploi au motif que ... *(reprendre le ou les motifs indiqués dans la lettre de radiation).*

Je conteste formellement les motifs que vous avez retenus pour arrêter cette décision.

En effet, ... *(reprendre ici, point par point, vos éléments de défense en citant les preuves que vous pouvez invoquer et que vous joindrez à la lettre).*

Je dois vous signaler, par ailleurs, que votre décision est cause pour moi d'un préjudice extrêmement important : ...... *(chiffrer les pertes occasionnées : allocation chômage, etc.).*

C'est pourquoi, Monsieur le Directeur, je vous demande de bien vouloir reconsidérer votre position et me réinscrire sur la liste des demandeurs d'emploi, à compter du .../.../201... *(indiquer la date de la radiation).*

Dans l'attente de votre réponse, je vous prie, Monsieur le Directeur, d'agréer l'expression de mes sentiments respectueux.

Pièces jointes :

Signature :

Lettre de démission

Nom Prénom
Adresse

Nom de l'entreprise
Adresse de l'entreprise
(vous pouvez préciser le destinataire : Directeur général, DRH, etc.)
LR/AR

...... *(ville de votre domicile)* le ....*(date)*

Madame *ou* Monsieur,

J'ai le regret de vous informer de ma démission, pour motifs personnels, de ma fonction de ... *(précisez votre poste)* que j'occupe au sein de votre entreprise depuis le ... (*date d'entrée dans l'entreprise*).

Compte tenu de la durée du préavis, qui en application de la convention collective qui régit notre secteur *(ou, le cas échéant, selon les dispositions de mon contrat de travail)*, est de ... mois, je cesserai donc mes fonctions le ... au soir.

Je suis, si vous le souhaitez, à votre disposition pour un entretien.

(Le cas échéant :) Je souhaiterais, si vous n'y voyez pas d'inconvénient, être dispensé d'une partie *(ou de la totalité)* de mon préavis, ma date de cessation de travail étant ainsi fixée au ...

Je vous prie, Madame *ou* Monsieur, d'agréer l'expression de mes sentiments respectueux.

Rupture conventionnelle

6 août 2008 JOURNAL OFFICIEL DE LA RÉPUBLIQUE FRANÇAISE Texte 26 sur 115

ANNEXE

Rupture conventionnelle du contrat de travail à durée indéterminée d'un salarié protégé *en application de l'article L 1237-15 du code du travail*	Colonnes réservées à l'inspecteur du travail conformité

1. Informations relatives aux parties à la convention de rupture

Nom et prénom du **salarié**	
Adresse Téléphone	
Emploi / qualification	
Nom ou raison sociale de l'**employeur** nom du signataire pour le compte de l'employeur n° de téléphone	

Adresse		n° de SIRET	

Convention collective applicable	

Ancienneté du salarié à la date envisagée de la rupture	|_|_|	ans	|_|_|	mois

Rémunération mensuelle brute des douze mois précédents

mois de		mois de	
mois de		mois de	
mois de		mois de	
mois de		mois de	
mois de		mois de	
mois de		mois de	

Rémunération mensuelle brute moyenne	

2. Déroulement des échanges pour convenir de la rupture conventionnelle	**oui**	**non**

A. Date du premier entretien *(jj/mm/aaaa)*	|_|_| |_|_| |_|_|_|_|

Rappeler au salarié la possibilité qu'il a de contacter les services, notamment le service public de l'emploi, qui pourront l'aider à prendre sa décision en pleine connaissance de ses droits.

Salarié assisté	oui / non		si oui par			
Employeur assisté	oui / non		si oui par			

6 août 2008 JOURNAL OFFICIEL DE LA RÉPUBLIQUE FRANÇAISE Texte 26 sur 115

B. Date(s) des autres entretiens éventuels	I_I_I I_I_I I_I_I_I_I		I_I_I I_I_I I_I_I_I_I	
Salarié assisté	oui / non	si oui par		
Employeur assisté	oui / non	si oui par		

3. Convention de rupture	**oui**	**non**
Les parties décident de rompre le contrat de travail à durée indéterminée qui les lie et conviennent d'un commun accord des conditions de la rupture de ce contrat : - droits afférents à la rupture de ce contrat ; - versement d'une indemnité de rupture du montant indiqué ci-dessous ; - date envisagée de la rupture, sous réserve des délais prévus par la loi, ci-après. *Autres clauses éventuelles :*		
Montant de l'indemnité spécifique de rupture conventionnelle (somme en lettres)		
Date envisagée de la rupture du contrat de travail *(jj/mm/aaaa)* I_I_I I_I_I I_I_I_I_I		
Date et signature précédée de la mention "lu et approuvé" par chaque partie		
IMPORTANT : La date de signature de la convention de rupture déclenche le délai de rétractation de 15 jours calendaires pendant lequel chaque partie peut revenir sur sa décision. La demande d'autorisation ne peut donc être transmise à l'inspecteur du travail qu'à l'issue du délai de 15 jours calendaires prévu pour l'exercice du droit de rétractation.		
Date de fin du délai de rétractation *(jj/mm/aaaa)* I_I_I I_I_I I_I_I_I_I		

Remarques éventuelles des parties ou des assistants sur ces échanges / autres commentaires

Transaction

Entre les soussignés,
La société …… représentée par M. … agissant en qualité de ……
Et
M. …… demeurant à ……..
Il a été convenu et arrêté ce qui suit :
M. … a été embauché le… par la société …… en qualité de ……

Par courrier (*recommandé avec accusé de réception*) en date du …… il s'est vu notifier son licenciement à compter du … au motif de… *(indiquer le motif du licenciement).*

M. …… conteste formellement le motif qui est invoqué et considère de ce fait avoir droit aux indemnités de préavis et de licenciement. Il considère, de plus, que compte tenu des circonstances, il peut légitimement prétendre à l'indemnisation du préjudice qu'il a subi *(développer son argumentation à cette fin).*

C'est dans ces conditions qu'une discussion s'est engagée entre la société … et M. …

Soucieuses de mettre définitivement fin au litige qui les oppose, les parties ont donc décidé de régler ce différend de manière amiable et de rédiger la présente transaction de manière, au prix de concessions réciproques, à mettre fin de manière totale et définitive à tout différend, né ou à naître, de l'exécution du contrat de travail, les ayant liés, ainsi que de sa rupture.

Il a donc été fait et convenu ce qui suit :

La société …… s'engage à verser à M. … et ce, dès la signature des présentes :

La somme de …… euros *(en toutes lettres)* au titre des éléments de salaire restant dus à ce jour.

La somme de …… euros *(en toutes lettres)* à titre d'indemnité conventionnelle, forfaitaire, globale et définitive en réparation du préjudice occasionné par la rupture du contrat de travail et incluant l'indemnité légale ou conventionnelle s'élevant à … euros.

Pour sa part, M. … s'engage à n'exercer aucune action en justice liée au différend que les parties ont entendu régler par la présente transaction.

Le présent accord vaut transaction au titre des articles 2044 et suivants du Code civil, notamment l'article 2052 aux termes duquel « les transactions ont, entre les parties, l'autorité de la chose jugée en dernier ressort et ne peuvent être attaquées pour cause d'erreur de droit ni pour cause de lésion ».

Fait à ......

Le ....

En deux exemplaires

Pour la société	Pour M. ......
....	....

Textes de loi

CODE DU TRAVAIL

Partie législative

Licenciement pour motif personnel

Cause réelle et sérieuse

Art. L. 1232-1. (L. n° 2008-596 du 25.6.2008). Tout licenciement pour motif personnel est motivé dans les conditions définies par le présent chapitre.
Il est justifié par une cause réelle et sérieuse.

Entretien préalable

Art. L. 1232-2. L'employeur qui envisage de licencier un salarié le convoque, avant toute décision, à un entretien préalable.
La convocation est effectuée par lettre recommandée ou par lettre remise en main propre contre décharge. Cette lettre indique l'objet de la convocation.
L'entretien préalable ne peut avoir lieu moins de cinq jours ouvrables après la présentation de la lettre recommandée ou la remise en main propre de la lettre de convocation.

Art. L. 1232-3. Au cours de l'entretien préalable, l'employeur indique les motifs de la décision envisagée et recueille les explications du salarié.

Art. L. 1232-4. Lors de son audition, le salarié peut se faire assister par une personne de son choix appartenant au personnel de l'entreprise.
Lorsqu'il n'y a pas d'institutions représentatives du personnel dans l'entreprise, le salarié peut se faire assister soit par une personne de son choix appartenant au personnel de l'entreprise, soit par un conseiller du salarié choisi sur une liste dressée par l'autorité administrative.
La lettre de convocation à l'entretien préalable adressée au salarié mentionne la possibilité de recourir à un conseiller du salarié et précise l'adresse des services dans lesquels la liste de ces conseillers est tenue à sa disposition.

Art. L. 1232-5. Un décret en Conseil d'Etat détermine les modalités d'application de la présente section.

Notification du licenciement

Art. L. 1232-6. Lorsque l'employeur décide de licencier un salarié, il lui notifie sa décision par lettre recommandée avec avis de réception.
Cette lettre comporte l'énoncé du ou des motifs invoqués par l'employeur.
Elle ne peut être expédiée moins de deux jours ouvrables après la date prévue de l'entretien préalable au licenciement auquel le salarié a été convoqué.
Un décret en Conseil d'Etat détermine les modalités d'application du présent article.

Conseiller du salarié

Art. L. 1232-7. Le conseiller du salarié est chargé d'assister le salarié lors de l'entretien préalable au licenciement dans les entreprises dépourvues d'institutions représentatives du personnel.
Il est inscrit sur une liste arrêtée par l'autorité administrative après consultation des organisations représentatives d'employeurs et de salariés au niveau national, dans des conditions déterminées par décret.
La liste des conseillers comporte notamment le nom, l'adresse, la profession ainsi que l'appartenance syndicale éventuelle des conseillers. Elle ne peut comporter de conseillers prud'hommes en activité.

Licenciement pour motif économique

Cause réelle et sérieuse

Art. L. 1233-2. (L. n° 2008-596 du 25.6.2008). Tout licenciement pour motif économique est motivé dans les conditions définies par le présent chapitre.
Il est justifié par une cause réelle et sérieuse.

Définition du motif économique

Art. L. 1233-3. Constitue un licenciement pour motif économique le licenciement effectué par un employeur pour un ou plusieurs motifs non inhérents à la personne du salarié résultant d'une suppression ou transformation d'emploi ou d'une modification, refusée par le salarié, d'un élément essentiel du contrat de travail, consécutives notamment à des difficultés économiques ou à des mutations technologiques.

[(L. n° 2008-596 du 25.6.2008). Les dispositions du présent chapitre sont applicables à toute rupture du contrat de travail, à l'exclusion de la rupture conventionnelle visée aux articles L. 1237-11 et suivants, résultant de l'une des causes énoncées au premier alinéa.]

Obligations d'adaptation et de reclassement

Art. L. 1233-4. Le licenciement pour motif économique d'un salarié ne peut intervenir que lorsque tous les efforts de formation et d'adaptation ont été réalisés et que le reclassement de l'intéressé ne peut être opéré dans l'entreprise ou dans les entreprises du groupe auquel l'entreprise appartient.

[(L. n° 2010-499 du 18.5.2010). Le reclassement du salarié s'effectue sur un emploi relevant de la même catégorie que celui qu'il occupe ou sur un emploi équivalent assorti d'une rémunération équivalente. A défaut, et sous réserve de l'accord exprès du salarié, le reclassement s'effectue sur un emploi d'une catégorie inférieure.]

Les offres de reclassement proposées au salarié sont écrites et précises.

Art. L. 1233-4-1. (L. n° 2010-499 du 18.5.2010). Lorsque l'entreprise ou le groupe auquel elle appartient est implanté hors du territoire national, l'employeur demande au salarié, préalablement au licenciement, s'il accepte de recevoir des offres de reclassement hors de ce territoire, dans chacune des implantations en cause, et sous quelles restrictions éventuelles quant aux caractéristiques des emplois offerts, notamment en matière de rémunération et de localisation.

Le salarié manifeste son accord, assorti le cas échéant des restrictions susmentionnées, pour recevoir de telles offres dans un délai de six jours ouvrables à compter de la réception de la proposition de l'employeur. L'absence de réponse vaut refus.

Les offres de reclassement hors du territoire national, qui sont écrites et précises, ne sont adressées qu'au salarié ayant accepté d'en recevoir et compte tenu des restrictions qu'il a pu exprimer. Le salarié reste libre de refuser ces offres. Le salarié auquel aucune offre n'est adressée est informé de l'absence d'offres correspondant à celles qu'il a accepté de recevoir.

Critères d'ordre des licenciements

Art. L. 1233-5. Lorsque l'employeur procède à un licenciement collectif pour motif économique et en l'absence de convention ou accord collectif de travail applicable, il définit les critères retenus pour fixer l'ordre des licenciements, après consultation du comité d'entreprise ou, à défaut, des délégués du personnel.

Ces critères prennent notamment en compte :

1° Les charges de famille, en particulier celles des parents isolés ;

2° L'ancienneté de service dans l'établissement ou l'entreprise ;

3° La situation des salariés qui présentent des caractéristiques sociales rendant leur réinsertion professionnelle particulièrement difficile, notamment celle des personnes handicapées et des salariés âgés ;

4° Les qualités professionnelles appréciées par catégorie.

Art. L. 1233-6. Les critères retenus par la convention et l'accord collectif de travail ou, à défaut, par la décision de l'employeur ne peuvent établir une priorité de licenciement à raison des seuls avantages à caractère viager dont bénéficie un salarié.

Art. L. 1233-7. Lorsque l'employeur procède à un licenciement individuel pour motif économique, il prend en compte, dans le choix du salarié concerné, les critères prévus à l'article L. 1233-5.

Conséquences du licenciement

Préavis et indemnité compensatrice de préavis

Art. L. 1234-1. Lorsque le licenciement n'est pas motivé par une faute grave, le salarié a droit :

1° S'il justifie chez le même employeur d'une ancienneté de services continus inférieure à six mois, à un préavis dont la durée est déterminée par la loi, la convention ou l'accord collectif de travail ou, à défaut, par les usages pratiqués dans la localité et la profession ;

2° S'il justifie chez le même employeur d'une ancienneté de services continus comprise entre six mois et moins de deux ans, à un préavis d'un mois ;

3° S'il justifie chez le même employeur d'une ancienneté de services continus d'au moins deux ans, à un préavis de deux mois.

Toutefois, les dispositions des 2° et 3° ne sont applicables que si la loi, la convention ou l'accord collectif de travail, le contrat de travail ou les usages ne prévoient pas un préavis ou une condition d'ancienneté de services plus favorable pour le salarié.

Art. L. 1234-2. Toute clause d'un contrat de travail fixant un préavis d'une durée inférieure à celui résultant des dispositions de l'article L. 1234-1 ou une condition d'ancienneté de services supérieure à celle énoncée par ces mêmes dispositions est nulle.

Art. L. 1234-3. La date de présentation de la lettre recommandée notifiant le licenciement au salarié fixe le point de départ du préavis.

Art. L. 1234-4. L'inexécution du préavis de licenciement n'a pas pour conséquence d'avancer la date à laquelle le contrat prend fin.

Art. L. 1234-5. Lorsque le salarié n'exécute pas le préavis, il a droit, sauf s'il a commis une faute grave, à une indemnité compensatrice.

L'inexécution du préavis, notamment en cas de dispense par l'employeur, n'entraîne aucune diminution des salaires et avantages que le salarié aurait perçus s'il avait accompli son travail jusqu'à l'expiration du préavis, indemnité de congés payés comprise.

L'indemnité compensatrice de préavis se cumule avec l'indemnité de licenciement et avec l'indemnité prévue à l'article L. 1235-2.

Indemnité de licenciement

Art. L. 1234-9. (L. n° 2008-596 du 25.6.2008). Le salarié titulaire d'un contrat de travail à durée indéterminée, licencié alors qu'il compte une année d'ancienneté ininterrompue au service du même employeur, a droit, sauf en cas de faute grave, à une indemnité de licenciement.

Les modalités de calcul de cette indemnité sont fonction de la rémunération brute dont le salarié bénéficiait antérieurement à la rupture du contrat de travail. Ce taux et ces modalités sont déterminés par voie réglementaire.

Art. L. 1234-10. La cessation de l'entreprise ne libère pas l'employeur de l'obligation de verser, s'il y a lieu, l'indemnité de licenciement prévue à l'article L. 1234-9.

Art. L. 1234-11. Les circonstances entraînant la suspension du contrat de travail, en vertu soit de dispositions légales, soit d'une convention ou d'un accord collectif de travail, soit de stipulations contractuelles, soit d'usages, ne rompent pas l'ancienneté du salarié appréciée pour la détermination du droit à l'indemnité de licenciement.

Toutefois, la période de suspension n'entre pas en compte pour la détermination de la durée d'ancienneté exigée pour bénéficier de ces dispositions.

Certificat de travail

Art. L. 1234-19. A l'expiration du contrat de travail, l'employeur délivre au salarié un certificat dont le contenu est déterminé par voie réglementaire.

Reçu pour solde de tout compte

Art. L. 1234-20. (L. n° 2008-596 du 25.6.2008). Le solde de tout compte, établi par l'employeur et dont le salarié lui donne reçu, fait l'inventaire des sommes versées au salarié lors de la rupture du contrat de travail.

Le reçu pour solde de tout compte peut être dénoncé dans les six mois qui suivent sa signature, délai au-delà duquel il devient libératoire pour l'employeur pour les sommes qui y sont mentionnées.

Contestations et sanctions des irrégularités du licenciement

Dispositions communes

Art. L. 1235-1. En cas de litige, le juge, à qui il appartient d'apprécier la régularité de la procédure suivie et le caractère réel et sérieux des motifs invoqués par l'employeur, forme sa conviction au vu des éléments fournis par les parties après avoir ordonné, au besoin, toutes les mesures d'instruction qu'il estime utiles.
Si un doute subsiste, il profite au salarié.

Art. L. 1235-2. Si le licenciement d'un salarié survient sans que la procédure requise ait été observée, mais pour une cause réelle et sérieuse, le juge impose à l'employeur d'accomplir la procédure prévue et accorde au salarié, à la charge de l'employeur, une indemnité qui ne peut être supérieure à un mois de salaire.

Art. L. 1235-3. Si le licenciement d'un salarié survient pour une cause qui n'est pas réelle et sérieuse, le juge peut proposer la réintégration du salarié dans l'entreprise, avec maintien de ses avantages acquis.
Si l'une ou l'autre des parties refuse, le juge octroie une indemnité au salarié. Cette indemnité, à la charge de l'employeur, ne peut être inférieure aux salaires des six derniers mois. Elle est due sans préjudice, le cas échéant, de l'indemnité de licenciement prévue à l'article L. 1234-9.

Art. L. 1235-4. Dans les cas prévus aux articles L. 1235-3 et L. 1235-11, le juge ordonne le remboursement par l'employeur fautif aux organismes intéressés de tout ou partie des indemnités de chômage versées au salarié licencié, du jour de son licenciement au jour du jugement prononcé, dans la limite de six mois d'indemnités de chômage par salarié intéressé.
Ce remboursement est ordonné d'office lorsque les organismes intéressés ne sont pas intervenus à l'instance ou n'ont pas fait connaître le montant des indemnités versées.

Art. L. 1235-5. Ne sont pas applicables au licenciement d'un salarié de moins de deux ans d'ancienneté dans l'entreprise et au licenciement opéré dans une entreprise employant habituellement moins de onze salariés, les dispositions relatives :

1° Aux irrégularités de procédure, prévues à l'article L. 1235-2 ;

2° A l'absence de cause réelle et sérieuse, prévues à l'article L. 1235-3 ;

3° Au remboursement des indemnités de chômage, prévues à l'article L. 1235-4.

Le salarié peut prétendre, en cas de licenciement abusif, à une indemnité correspondant au préjudice subi.
Toutefois, en cas de méconnaissance des dispositions des articles L. 1232-4 et L. 1233-13, relatives à l'assistance du salarié par un conseiller, les dispositions relatives aux irrégularités de procédure prévues à l'article L. 1235-2 s'appliquent même au licenciement d'un salarié ayant moins de deux ans d'ancienneté et au licenciement opéré dans une entreprise employant habituellement moins de onze salariés.

Sanction disciplinaire

Garanties de procédure

Art. L. 1332-1. Aucune sanction ne peut être prise à l'encontre du salarié sans que celui-ci soit informé, dans le même temps et par écrit, des griefs retenus contre lui.

Art. L. 1332-2. Lorsque l'employeur envisage de prendre une sanction, il convoque le salarié en lui précisant l'objet de la convocation, sauf si la sanction envisagée est un avertissement ou une sanction de même nature n'ayant pas d'incidence, immédiate ou non, sur la présence dans l'entreprise, la fonction, la carrière ou la rémunération du salarié.
Lors de son audition, le salarié peut se faire assister par une personne de son choix appartenant au personnel de l'entreprise.
Au cours de l'entretien, l'employeur indique le motif de la sanction envisagée et recueille les explications du salarié.

La sanction ne peut intervenir moins d'un jour franc, ni plus d'un mois après le jour fixé pour l'entretien. Elle est motivée et notifiée à l'intéressé.

Art. L. 1332-3. Lorsque les faits reprochés au salarié ont rendu indispensable une mesure conservatoire de mise à pied à effet immédiat, aucune sanction définitive relative à ces faits ne peut être prise sans que la procédure prévue à l'article L. 1332-2 ait été respectée.

Prescription des faits fautifs

Art. L. 1332-4. Aucun fait fautif ne peut donner lieu à lui seul à l'engagement de poursuites disciplinaires au-delà d'un délai de deux mois à compter du jour où l'employeur en a eu connaissance, à moins que ce fait ait donné lieu dans le même délai à l'exercice de poursuites pénales.

Partie réglementaire

Licenciement pour motif personnel

Entretien préalable

Art. R. 1232-1. La lettre de convocation prévue à l'article L. 1232-2 indique l'objet de l'entretien entre le salarié et l'employeur. Elle précise la date, l'heure et le lieu de cet entretien.
Elle rappelle que le salarié peut se faire assister pour cet entretien par une personne de son choix appartenant au personnel de l'entreprise ou, en l'absence d'institutions représentatives dans l'entreprise, par un conseiller du salarié.

Art. R. 1232-2. Le salarié qui souhaite se faire assister, lors de l'entretien préalable à son licenciement, par un conseiller du salarié communique à celui-ci la date, l'heure et le lieu de l'entretien.
Le salarié informe l'employeur de sa démarche.

Art. R. 1232-3. Le conseiller du salarié confirme au salarié sa venue ou lui fait connaître immédiatement et par tous moyens qu'il ne peut se rendre à l'entretien.

Conseiller du salarié

Art. D. 1232-4. [(D. n° 2009-1377 du 10.11.2009). La liste des conseillers du salarié est préparée par le directeur régional des entreprises, de la concurrence, de la consommation, du travail et de l'emploi, après consultation des organisations d'employeurs et de salariés représentatives au niveau national siégeant à la Commission nationale de la négociation collective, dont les observations sont présentées dans le délai d'un mois.]
Les conseillers du salarié sont choisis en fonction de leur expérience des relations professionnelles et de leurs connaissances du droit social.
Ils exercent leurs fonctions à titre gratuit.

Art. D. 1232-5. La liste des conseillers du salarié est arrêtée dans chaque département par le préfet et publiée au recueil des actes administratifs de la préfecture.
Elle est tenue à la disposition des salariés dans chaque section d'inspection du travail et dans chaque mairie.

Art. D. 1232-6. La liste des conseillers du salarié est révisée tous les trois ans.
Elle peut être complétée à tout moment si nécessaire.

Licenciement pour motif économique

Dispositions communes

Art. R. 1233-1. Le salarié qui souhaite connaître les critères retenus pour fixer l'ordre des licenciements adresse sa demande à l'employeur, en application des articles L. 1233-17 et L. 1233-43, par lettre recommandée avec avis de réception ou remise contre récépissé, avant l'expiration d'un délai de dix jours à compter de la date à laquelle il quitte effectivement son emploi.
L'employeur fait connaître les critères qu'il a retenus pour fixer l'ordre des licenciements,

en application de l'article L. 1233-5, par lettre recommandée avec avis de réception ou remise contre récépissé, dans les dix jours suivant la présentation ou de la remise de la lettre du salarié.

Ces délais ne sont pas des délais francs. Ils expirent le dernier jour à vingt-quatre heures.

Art. R. 1233-2. (D. n° 2009-1377 du 10.11.2009). Les attributions conférées au directeur régional des entreprises, de la concurrence, de la consommation, du travail et de l'emploi par les articles D. 1233-3 et D. 1233-8 à D. 1233-14 sont exercées dans les branches d'activité échappant à sa compétence par les fonctionnaires chargés du contrôle de la procédure de licenciement pour motif économique dans ces branches.

Licenciement de moins de dix salariés dans une même période de trente jours

Art. D. 1233-3. [(D. n° 2009-1377 du 10.11.2009). En cas de licenciement pour motif économique de moins de dix salariés dans une même période de trente jours, l'employeur informe par écrit le directeur régional des entreprises, de la concurrence, de la consommation, du travail et de l'emploi des licenciements prononcés dans les huit jours de l'envoi des lettres de licenciement aux salariés concernés.]

L'employeur précise :

1° Son nom et son adresse ;

2° La nature de l'activité et l'effectif de l'entreprise ou de l'établissement ;

3° Les nom, prénoms, nationalité, date de naissance, sexe, adresse, emploi et qualification du ou des salariés licenciés ;

4° La date de la notification des licenciements aux salariés concernés.

Conséquences du licenciement

Indemnité de licenciement

Art. R. 1234-1. L'indemnité de licenciement prévue à l'article L. 1234-9 ne peut être inférieure à une somme calculée par année de service dans l'entreprise et tenant compte des mois de service accomplis au-delà des années pleines.

Art. R. 1234-2. (D. n° 2008-715 du 18.7.2008). L'indemnité de licenciement ne peut être inférieure à un cinquième de mois de salaire par année d'ancienneté, auquel s'ajoutent deux quinzièmes de mois par année au-delà de dix ans d'ancienneté.

Art. R. 1234-4. Le salaire à prendre en considération pour le calcul de l'indemnité de licenciement est, selon la formule la plus avantageuse pour le salarié :

1° Soit le douzième de la rémunération des douze derniers mois précédant le licenciement ;

2° Soit le tiers des trois derniers mois. Dans ce cas, toute prime ou gratification de caractère annuel ou exceptionnel, versée au salarié pendant cette période, n'est prise en compte que dans la limite d'un montant calculé à due proportion.

Art. R. 1234-5. L'indemnité de licenciement ne se cumule pas avec toute autre indemnité de même nature.

Certificat de travail

Art. D. 1234-6. Le certificat de travail contient exclusivement les mentions suivantes :

1° La date d'entrée du salarié et celle de sa sortie ;

2° La nature de l'emploi ou des emplois successivement occupés et les périodes pendant lesquelles ces emplois ont été tenus ;

3° [(D. n° 2010-64 du 18.1.2010). Le solde du nombre d'heures acquises au titre du droit individuel à la formation et non utilisées, y compris dans le cas défini à l'article L. 6323-17, ainsi que la somme correspondant à ce solde ;

4° L'organisme collecteur paritaire agréé compétent pour verser la somme prévue au 2° de l'article L. 6323-18.]

Reçu pour solde de tout compte

Art. D. 1234-7. Le reçu pour solde de tout compte est établi en double exemplaire. Mention en est faite sur le reçu.

L'un des exemplaires est remis au salarié.

Art. D. 1234-8. Le reçu pour solde de tout compte est dénoncé par lettre recommandée.

Attestation d'assurance chômage

Art. R. 1234-9. (D. n° 2008-1010 du 29.9.2008). L'employeur délivre au salarié, au moment de l'expiration ou de la rupture du contrat de travail, les attestations et justifications qui lui permettent d'exercer ses droits aux prestations mentionnées à l'article L. 5421-2 et transmet ces mêmes attestations à l'institution mentionnée à l'article L. 5312-1.

Procédure disciplinaire

Garanties de procédure

Art. R. 1332-1. La lettre de convocation prévue à l'article L. 1332-2 indique l'objet de l'entretien entre le salarié et l'employeur.
Elle précise la date, l'heure et le lieu de cet entretien.
Elle rappelle que le salarié peut se faire assister par une personne de son choix appartenant au personnel de l'entreprise. Elle est soit remise contre récépissé, soit adressée par lettre recommandée, dans le délai de deux mois fixé à l'article L. 1332-4.

Art. R. 1332-2. La sanction prévue à l'article L. 1332-2 fait l'objet d'une décision écrite et motivée.
La décision est notifiée au salarié soit par lettre remise contre récépissé, soit par lettre recommandée, dans le délai d'un mois prévu par l'article L. 1332-2.

Art. R. 1332-3. Le délai d'un mois prévu à l'article L. 1332-2 expire à vingt-quatre heures le jour du mois suivant qui porte le même quantième que le jour fixé pour l'entretien. A défaut d'un quantième identique, le délai expire le dernier jour du mois suivant à vingt-quatre heures.
Lorsque le dernier jour de ce délai est un samedi, un dimanche ou un jour férié ou chômé, le délai est prorogé jusqu'au premier jour ouvrable suivant.

Les adresses de vos interlocuteurs

Adresses des Conseils de prud'hommes

Vous trouverez ci-après les coordonnées de tous les conseils de prud'hommes de la France métropolitaine.
Pour savoir auquel d'entre eux vous adresser, voir les règles de compétence territoriale (p. 70 et s.).

01 - AIN
- 15, place de la Cathédrale
  01306 Belley Cedex
  Tél. 04 79 81 13 45
- 3, rue Paul Pioda
  01000 Bourg-en-Bresse
  Tél. 04 74 32 29 32
- 15, rue du 8 mai 1945
  01100 Oyonnax
  Tél. 04 74 77 24 47

02 - AISNE
- 10, rue Saint-Remy
  02200 Soissons
  Tél. 03 23 53 46 64
- 9, place Gautier de Mortagne
  02001 Laon Cedex
  Tél. 03 23 26 75 45
- Palais de Justice
  12, rue Victor-Basch
  02100 Saint-Quentin
  Tél. 03 23 05 89 60

03 - ALLIER
- Palais de Justice
  114, bd de Courtais
  03105 Montluçon Cedex
  Tél. 04 70 05 04 53
- 16, rue Diderot
  03000 Moulins
  Tél. 04 70 20 27 32
- 26, bd Carnot
  03200 Vichy
  Tél. 04 70 31 98 77

04 - ALPES-DE-HAUTE-PROVENCE
- 13, av. Joseph-Reinach
  04000 Digne-les-Bains
  Tél. 04 92 31 38 49

05 - HAUTES-ALPES
- Palais de Justice
  Place Saint-Arnoux
  05007 Gap Cedex
  Tél. 04 92 52 06 37

06 - ALPES-MARITIMES
- 1, rue Philibert-Delorme
  06400 Cannes
  Tél. 04 93 06 48 88
- 37, av. Pierre Sémard
  06130 Grasse
  Tél. 04 92 60 74 60
- 5, rue Provana de Leyni
  06000 Nice
  Tél. 04 93 62 71 00

07 - ARDÈCHE
- Hôtel de Ville
  24, bd de la République
  07100 Annonay
  Tél. 04 75 33 41 81
- Le Château
  4, place de l'Hôtel-de-Ville
  07200 Aubenas
  Tél. 04 75 93 51 84

08 - ARDENNES
- 9, esplanade du Palais de Justice
  08000 Charleville-Mézières
  Tél. 03 24 57 69 00

09 - ARIÈGE
- Place du Palais de Justice
  09000 Foix
  Tél. 05 61 65 43 53

10 - AUBE
- 1, rue Bégand
  10000 Troyes
  Tél. 03 25 83 17 29

11 - AUDE

- 7, rue du Palais - BP 831
  11012 Carcassonne Cedex
  Tél. 04 34 42 49 00
- 40, boulevard du Général de Gaulle
  11100 Narbonne
  Tél. 04 68 41 05 45

12 - AVEYRON

- Boulevard Guizard
  12000 Rodez
  Tél. 05 65 73 43 27
- Place Bion-Marlavagne
  12100 Millau
  Tél. 05 65 60 09 42

13 - BOUCHES-DU-RHÔNE

- Rue Gauffredy
  13602 Aix-en-Provence Cedex 1
  Tél. 04 42 93 35 05
- Allée Edgar-Degas
  13500 Martigues
  Tél. 04 42 80 45 53
- 41, rue de la République
  13200 Arles
  Tél. 04 90 52 08 70
- 6, rue Rigord
  13007 Marseille
  Tél. 04 91 13 62 01

14 - CALVADOS

- Place Gambetta
  14050 Caen Cedex
  Tél. 02 31 30 70 70
- 49, rue de Paris
  14107 Lisieux
  Tél. 02 31 48 55 70

15 - CANTAL

- Palais de Justice
  22, place du Square
  15012 Aurillac Cedex
  Tél. 04 71 48 74 44

16 - CHARENTE

- Palais de Justice
  Place Francis Louvel
  16000 Angoulême
  Tél. 05 45 37 11 70

17 - CHARENTE-MARITIME

- 6, rue Eugène-Thomas
  17011 La Rochelle Cedex
  Tél. 05 46 41 21 16
- Cité judiciaire
  rue Antoine Chanzy
  17306 Rochefort
  Tél. 05 46 99 98 70
- 2, rue Rochers
  17100 Saintes
  Tél. 05 46 74 28 17

18 - CHER

- 1, place Henri Mirpied
  BP 702 - 18014 Bourges Cedex

19 - CORRÈZE

- Palais de Justice
  6, rue Saint-Bernard
  19100 Brive-la-Gaillarde
  Tél. 05 55 17 74 17
- Palais de Justice
  36, av. du Général-de-Gaulle
  19000 Tulle
  Tél. 05 55 29 56 00

2A - CORSE-DU-SUD

- Résidence Jardins-du-Centre
  Chemin de Loreto
  20090 Ajaccio
  Tél. 04 95 23 73 95

2B - HAUTE-CORSE

- 10, bd Auguste-Gaudin
  20200 Bastia
  Tél. 04 95 32 38 56

21 - CÔTE-D'OR

- Palais de Justice
  13, bd Clemenceau
  21033 Dijon Cedex
  Tél. 03 80 70 45 45

22 - CÔTES-D'ARMOR
- 11, place Duguesclin
  22106 Dinan
  Tél. 02 96 39 00 91
- 5, rue Auguste Pavie
  22200 Guingamp
  Tél. 02 96 44 27 82
- 17, rue Parmentier
  22021 Saint-Brieuc
  Tél. 02 96 33 34 43

23 - CREUSE
- 24, av. de la Sénatorerie
  23000 Guéret
  Tél. 05 55 52 31 64

24 - DORGOGNE
- Rue des Carmes
  24112 Bergerac Cedex
  Tél. 05 53 57 68 25
- 2 bis, cours Fénelon
  24000 Périgueux
  Tél. 05 53 08 64 43

25 - DOUBS
- 1 ter, rue Victor-Delavelle
  25000 Besançon
  Tél. 03 81 80 39 32
- Cité Judiciaire
  Rue Mozart
  25200 Montbéliard
  Tél. 03 81 90 70 10

26 - DRÔME
- Palais de Justice
  Place Émile-Loubet
  26207 Montélimar Cedex
  Tél. 04 75 01 38 40
- Immeuble « Le Forum »
  7, av. de Verdun
  26021 Valence Cedex
  Tél. 04 75 43 09 85

27 - EURE
- 17, rue Auguste-Leprévost
  27304 Bernay Cedex
  Tél. 02 32 43 41 96
- 7, rue de la Petite Cité
  27009 Évreux
  Tél. 02 32 07 02 95
- Palais de Justice
  11, rue des Pénitents
  27400 Louviers
  Tél. 02 32 40 20 86

28 - EURE-ET-LOIR
- 3, rue des Bouchers
  28000 Chartres
  Tél. 02 37 36 57 84
- 3, place du Cap de la Madeleine
  28205 Châteaudun Cedex
  Tél. 02 37 45 41 01
- Palais de Justice
  2, place Anatole-France
  28100 Dreux
  Tél. 02 37 46 43 62

29 - FINISTÈRE
- 150, rue E. Heningway
  Bâtiment Quai Ouest
  CS 51864
  29218 Brest Cedex 2
  Tél. 02 98 20 75 10
- 38, rue Gambetta
  29678 Morlaix Cedex
  Tél. 02 98 88 64 51
- Mairie annexe d'Ergué-Armel
  87, av. Léon-Blum
  29196 Quimper Cedex
  Tél. 02 98 90 07 00

30 - GARD
- Quai Boissier de Sauvages
  30100 Alès
  Tél. 04 66 54 31 20
- 46, place Porte-de-France
  30000 Nîmes
  Tél. 04 66 67 27 45

31 - HAUTE-GARONNE
- 5, rue de la République
  31800 Saint-Gaudens
  Tél. 05 61 89 70 44

- 6, rue Deville
  31080 Toulouse Cedex
  Tél. 05 62 30 55 70

32 - GERS

- Chemin de la Réthourie
  32000 Auch
  Tél. 05 62 05 47 42

33 - GIRONDE

- 13, rue du Maréchal-Joffre
  33077 Bordeaux Cedex
  Tél. 05 56 01 35 90
- 36, rue Victor-Hugo
  33501 Libourne Cedex
  Tél. 05 57 51 75 42

34 - HÉRAULT

- 53, av. Jean-Moulin
  34545 Béziers Cedex
  Tél. 04 67 30 92 00
- Place de la Canourgue
  34023 Montpellier Cedex
  Tél. 04 67 14 51 60
- Boulevard Danielle-Casanova
  34203 Sète Cedex
  Tél. 04 67 46 01 40

35 - ILLE-ET-VILAINE

- Cité judiciaire
  7, rue Pierre-Abélard
  et Place de la Rotonde
  35031 Rennes Cedex
  Tél. 02 99 65 38 99 et
  02 99 65 65 80
- 18, av. Jean-Jaurès
  35401 Saint-Malo Cedex
  Tél. 02 99 56 73 00

36 - INDRE

- 26, rue de la Poste
  36018 Châteauroux Cedex
  Tél. 02 54 34 41 89

37 - INDRE-ET-LOIRE

- 2, rue Albert-Dennery
  37026 Tours Cedex
  Tél. 02 47 70 46 00

38 - ISÈRE

- 43, bd Saint-Michel
  38300 Bourgoin-Jallieu
  Tél. 04 74 93 30 50
- Place Firmin Gautier
  38000 Grenoble
  Tél. 04 38 21 21 80
- 18, rue du 11 Novembre
  38200 Vienne
  Tél. 04 74 85 14 84

39 - JURA

- Palais de Justice
  39, rue des Arènes
  BP 93
  39108 Dole Cedex
  Tél. 03 84 79 44 48
- 70, place du Maréchal Juin
  39000 Lons-le-Saunier
  Tél. 03 84 24 33 90

40 - LANDES

- Villa Gischia
  55, av. Victor-Hugo
  40107 Dax Cedex
  Tél. 05 58 74 29 74
- 8, rue du Maréchal-Bosquet
  40000 Mont-de-Marsan
  Tél. 05 58 46 03 68

41 - LOIR-ET-CHER

- 15, rue du Père-Brottier
  41018 Blois Cedex
  Tél. 02 54 56 26 50

42 - LOIRE

- 14, rue de la Paix
  42000 Saint-Étienne
  Tél. 04 77 43 53 83
- 13, rue du Palais de Justice
  42205 Montbrison Cedex
  Tél. 04 77 96 66 66
- 5, place Georges-Clémenceau
  42300 Roanne
  Tél. 04 77 44 48 38

43 - HAUTE-LOIRE
- 4, rue Richond-des-Brus
43011 Le Puy-en-Velay Cedex
Tél. 04 71 09 50 78

44 - LOIRE-ATLANTIQUE
- Immeuble Atlantica II
26, bd Vincent-Gache
44203 Nantes Cedex
Tél. 02 40 20 61 30
- Palais de Justice
7, rue du Palais
44600 Saint-Nazaire
Tél. 02 72 27 31 40

45 - LOIRET
- 84, rue du Général-Leclerc
45207 Montargis
Tél. 02 38 85 49 41
- Palais de Justice
44, rue de la Bretonnerie
45044 Orléans Cedex
Tél. 02 38 74 58 92

46 - LOT
- 190, quai Eugène Cavaignac
Immeuble « Le Cavaignac »
46000 Cahors
Tél. 05 65 22 62 70

47 - LOT-ET-GARONNE
- 24 bis, rue Lamouroux
47000 Agen
Tél. 05 53 68 49 00
- 1, place des Droits-de-l'Homme
47207 Marmande Cedex
Tél. 05 53 20 39 28

48 - LOZÈRE
- Palais de Justice
Bd Henri-Bourillon
48000 Mende
Tél. 04 66 65 35 95

49 - MAINE-ET-LOIRE
- 18, rue Rébaudelle
49000 Angers
Tél. 02 41 31 18 60
- Maison de la Justice
Place Saint-Michel
49412 Saumur Cedex
Tél. 02 41 83 47 47

50 - MANCHE
- 7, rue de Lille
50300 Avranches
Tél. 02 33 89 01 55
- 38, rue François-La Vieille
50108 Cherbourg
Tél. 02 33 94 47 47
- Rue Saint-Maur
50200 Coutances
Tél. 02 33 19 07 10

51 - MARNE
- Rue Perrot-d'Ablancourt
51000 Châlons-en-Champagne
Tél. 03 26 65 00 70
- Palais de Justice
8, rue des Archers
51200 Épernay
Tél. 03 26 54 61 76
- Palais de Justice
25, rue de Chanzy
51095 Reims Cedex
Tél. 03 26 49 53 95

52 - HAUTE-MARNE
- Palais de Justice, Bât. B, 2e étage
Rue du Palais
52903 Chaumont Cedex
Tél. 03 25 03 12 00

53 - MAYENNE
- 155, rue de Bretagne
53000 Laval
Tél. 02 43 69 24 86

54 - MEURTHE-ET-MOSELLE
- 16, rue du Colonel-Merlin
54401 Longwy Cedex
Tél. 03 82 24 29 27
- Cité judiciaire du Maréchal-Juin
54000 Nancy
Tél. 03 83 40 62 17

55 - MEUSE

- 18, rue du Président Poincaré
  55107 Verdun Cedex
  Tél. 03 29 86 13 84
- 29, place Saint-Pierre
  55000 Bar-le-Duc
  Tél. 03 29 76 13 09

56 - MORBIHAN

- 10, rue Georges-Collier
  56100 Lorient
  Tél. 02 97 64 33 38
- 14, rue Richemont
  56002 Vannes Cedex
  Tél. 02 97 42 72 73

57 - MOSELLE

- 3, av. Saint-Remy
  57608 Forbach Cedex
  Tél. 03 87 85 64 00
- 31, rue du Cambout
  57040 Metz Cedex 01
  Tél. 03 87 76 14 80
- 5, rue du Maréchal-Joffre
  57126 Thionville
  Tél. 03 82 82 05 90

58 - NIÈVRE

- 6, rue Gambetta
  58020 Nevers Cedex
  Tél. 03 86 71 60 04

59 - NORD

- Plateau Chémerault
  11, rue du Maréchal-Joffre
  59440 Avesnes-sur-Helpe
  Tél. 03 27 57 78 00
- Parc des Croisiers
  Rue de Tournai
  59390 Lannoy
  Tél. 03 20 75 81 38
- 74, rue des Arts
  59800 Lille
  Tél. 03 20 12 10 00
- Palais de Justice
  65, rue de Gand
  59333 Tourcoing Cedex
  Tél. 03 20 01 40 80
- Palais de Justice
  45, rue du Grand-Chemin
  59070 Roubaix Cedex 01
  Tél. 03 20 70 95 91
- Rue du Château de Selles
  59400 Cambrai
  Tél. 03 27 73 37 37
- 106, rue Merlin-de-Douai
  59508 Douai Cedex
  Tél. 03 27 99 18 99
- 18, quai aux Bois
  59378 Dunkerque Cedex
  Tél. 03 28 28 99 99
- Résidence « Flandres »
  16, rue André-Biébuyck
  59190 Hazebrouck
  Tél. 03 28 41 47 16
- 18, place du 8-Mai-1945
  118, rue de Paris
  59326 Valenciennes
  Tél. 03 27 32 28 50

60 - OISE

- Palais de Justice
  20, bd Saint-Jean
  60021 Beauvais Cedex
  Tél. 03 44 79 60 70
- 4, rue de la Sous-Préfecture
  60321 Compiègne
  Tél. 03 44 38 33 30
- Cité judiciaire
  12, rue Jules-Michelet
  60100 Creil
  Tél. 03 44 61 30 30

61 - ORNE

- 22, av. du Président Wilson
  61001 Alençon
  Tél. 02 33 29 38 02
- 17, rue des Vieilles-Halles
  61200 Argentan
  Tél. 02 33 67 61 21

62 - PAS-DE-CALAIS

- 31, rue Saint-Michel
  62000 Arras
  Tél. 03 21 60 32 80
- 22, rue d'Aire
  62400 Béthune
  Tél. 03 21 57 73 90
- 1, rue Arthur Lamentin
  62300 Lens
  Tél. 03 21 14 61 80
- 16, rue Barrière Saint-Michel
  62200 Boulogne-sur-Mer
  Tél. 03 21 30 86 46
- Palais de Justice
  15, place Crèvecœur
  62100 Calais
  Tél. 03 21 36 02 09
- 2, rue de l'Écu d'Artois
  62505 Saint-Omer Cedex
  Tél. 03 21 93 92 78

63 - PUY-DE-DÔME

- Palais de Justice
  16, place de l'Étoile
  63005 Clermont-Ferrand Cedex 01
  Tél. 04 73 31 79 40
- Rue Saint-Louis
  63200 Riom
  Tél. 04 73 38 40 85

64 - PYRÉNÉES-ATLANTIQUES

- 10, rue de la Ville-en-Bois
  64100 Bayonne
  Tél. 05 59 59 32 21
- 44, cours Camou
  64000 Pau
  Tél. 05 59 62 50 90

65 - HAUTES-PYRÉNÉES

- 6, rue Eugène-Ténot
  65000 Tarbes
  Tél. 05 62 34 02 98

66 - PYRÉNÉES-ORIENTALES

- 13, cours Lazare-Escarguel
  66003 Perpignan Cedex
  Tél. 04 68 51 33 88

67 - BAS-RHIN

- 120E, Grand'Rue
  67504 Haguenau Cedex
  Tél. 03 88 73 52 73
- 20, rue Contades
  67302 Schiltigheim
  Tél. 03 88 33 47 57
- 19, av. de la Paix
  67000 Strasbourg
  Tél. 03 88 76 70 70
- 27, Grand'Rue
  67704 Saverne
  Tél. 03 88 01 19 24

68 - HAUT-RHIN

- 21, rue de la Somme
  68064 Mulhouse
  Tél. 03 89 36 82 40
- 3, rue des Prêtres
  68021 Colmar
  Tél. 03 89 20 23 90

69 - RHÔNE

- 20, bd Eugène-Deruelle
  69003 Lyon Cedex 03
  Tél. 04 72 84 71 00
- Palais de Justice
  350, bd Gambetta
  69400 Villefranche-sur-Saône
  Tél. 04 74 65 63 50

70 - HAUTE-SAÔNE

- Place de la Gare
  70204 Lure
  Tél. 03 84 30 31 34
- 20, rue Didon
  70000 Vesoul
  Tél. 03 84 76 07 76

71 - SAÔNE-ET-LOIRE

- 1B, rue de Bourgogne
  71100 Châlon-sur-Saône
  Tél. 03 85 97 16 97
- Palais de Justice
  8, rue de la Préfecture
  71017 Mâcon Cedex
  Tél. 03 85 39 92 49

72 - SARTHE

- Cité judiciaire
  1, av. Pierre-Mendès-France
  72014 Le Mans Cedex
  Tél. 02 43 83 77 55

73 - SAVOIE

- Palais de Justice
  5, av. des Chasseurs-Alpins
  73200 Albertville
  Tél. 04 79 32 59 30
- Résidence « Bernascon »
  6, bd de la Roche-du-Roi
  73100 Aix-les-Bains
  Tél. 04 79 61 37 24
- Place du Palais-de-Justice
  73011 Chambéry
  Tél. 04 79 33 60 09

74 - HAUTE-SAVOIE

- 19, av. du Parmelan - BP 12319
  74011 Annecy
  Tél. 04 50 33 76 00
- 20, rue Léandre-Vaillat
  74012 Annemasse
  Tél. 04 50 38 39 32
- Palais de Justice
  rue de Carroz
  74130 Bonneville
  Tél. 04 50 97 14 10

75 - PARIS

- 27, rue Louis-Blanc
  75484 Paris Cedex 10
  Tél. 01 40 38 52 00

76 - SEINE-MARITIME

- Franklin-Building
  32, rue Pierre-Brossolette
  76084 Le Havre
  Tél. 02 32 74 91 80
- 54, rue du Faubourg-de-la-Barre
  76201 Dieppe Cedex
  Tél. 02 35 84 32 91
- 1, place de la Madeleine
  76000 Rouen
  Tél. 02 35 07 94 50

77 - SEINE-ET-MARNE

- 2, place de la République
  77305 Fontainebleau Cedex
  Tél. 01 60 74 54 10
- Palais de Justice
  44, av. du Président
  Salvador-Allende
  77108 Meaux Cedex
  Tél. 01 60 09 76 60
- 2, av. du Général-Leclerc
  77000 Melun
  Tél. 01 64 79 83 50

78 - YVELINES

- Palais de Justice
  20, av. de la République
  78200 Mantes-la-Jolie
  Tél. 01 34 77 44 66
- 91, av. Maurice-Berteaux
  78308 Poissy Cedex
  Tél. 01 30 74 62 02
- 56, rue Gambetta
  78120 Rambouillet
  Tél. 01 61 08 65 00
- 2, rue Stéphane-Maury
  78100 Saint-Germain-en-Laye
  Tél. 01 34 51 94 64
- 5, place André-Mignot
  78004 Versailles Cedex
  Tél. 01 39 07 39 98

79 - DEUX-SÈVRES

- 6, rue de la Préfecture
  79000 Niort
  Tél. 05 49 24 06 01
- 2, rue Jules-Ferry
  79103 Thouars Cedex
  Tél. 05 49 66 26 00

80 - SOMME

- 9, av. du Général-Leclerc
  80100 Abbeville
  Tél. 03 22 24 51 29
- 18, rue Lamartine
  BP 2722
  80027 Amiens Cedex 1
  Tél. 03 22 82 46 50

• Palais de Justice
61, rue Saint-Fursy
80200 Péronne
Tél. 03 22 84 72 80

81 - TARN

• Place Lapérouse
81005 Albi Cedex
Tél. 05 63 54 74 54

• 17, rue Tolosane
81100 Castres
Tél. 05 63 59 30 18

82 - TARN-ET-GARONNE

• 16, rue de l'Hôtel-de-Ville
82013 Montauban Cedex
Tél. 05 63 63 51 13

83 - VAR

• Cité judiciaire
11, rue Pierre-Clément
83307 Draguignan Cedex
Tél. 04 94 60 57 40

• Ancien hôpital
272, rue Jean-Jaurès
83600 Fréjus
Tél. 04 94 52 32 06

• 114, av. Lazare-Carnot
83000 Toulon
Tél. 04 94 18 99 77

84 - VAUCLUSE

• 2, bd Limbert
B.P 959
84092 Avignon Cedex 9
Tél. 04 32 74 74 02

• 16, rue Henri-Fabre
84100 Orange
Tél. 04 90 34 70 00

85 - VENDÉE

• Palais de Justice
55, bd Aristide-Briand
85021 La Roche-sur-Yon
Tél. 02 51 37 43 16

• 20, rue Nicot
85100 Les Sables-d'Olonne
Tél. 02 51 32 01 39

86 - VIENNE

• Lotissement de l'Hôtel-Dieu
15, rue Guillaume-le-Troubadour
86000 Poitiers
Tél. 05 49 41 18 85

87 - HAUTE-VIENNE

• 41, bd Carnot
87001 Limoges Cedex
Tél. 05 55 79 72 42

88 - VOSGES

• 3, quartier « La Magdeleine »
88025 Épinal Cedex
Tél. 03 29 82 14 06

• Hôtel de Ville
16, rue de la Meurthe
88107 Saint-Dié
Tél. 03 29 55 03 03 et
03 29 56 53 34

89 - YONNE

• 90, rue de Paris
89011 Auxerre Cedex
Tél. 03 86 72 07 89

• 35, rue de la Pépinière
89106 Sens Cedex
Tél. 03 86 65 35 00

90 - TERRITOIRE-DE-BELFORT

• 1, rue de Morimont
90020 Belfort Cedex
Tél. 03 84 21 04 15

91 - ESSONNE

• 1, rue de la Patinoire
91011 Évry
Tél. 01 69 47 36 26

• 20, av. du Maréchal-Leclerc
91160 Longjumeau
Tél. 01 64 48 80 40

92 - HAUTS-DE-SEINE
- 7, rue Mahias
  92100 Boulogne-Billancourt
  Tél. 01 46 99 91 20
- 2, rue Pablo-Neruda
  92000 Nanterre
  Tél. 01 40 97 16 50

93 - SEINE-SAINT-DENIS
- 1-13, rue Michel de l'Hospital
  93000 Bobigny
  Tél. 01 48 96 22 22

94 - VAL-DE-MARNE
- 9, rue Thomas-Edison
  94010 Créteil Cedex
  Tél. 01 42 07 00 04
- 2-4, rue Jules-Guesde
  94190 Villeneuve-Saint-Georges
  Tél. 01 43 89 88 82

95 - VAL D'OISE
- 9, rue des Celtes
  95813 Argenteuil Cedex
  Tél. 01 39 80 40 40 et
  01 39 80 95 35
- Place de l'Auditoire
  95160 Montmorency
  Tél. 01 39 64 59 72
- 3, rue Victor Hugo - BP 60112
  95303 Cergy-Pontoise Cedex
  Tél. 01 72 58 74 30

971 - GUADELOUPE
- 14, place de l'Église
  97710 Pointe-à-Pitre
  Tél. 05 90 82 03 16
- 4, bd Félix Éboué
  97100 Basse-Terre
  Tél. 05 90 80 63 73

972 - MARTINIQUE
- 35, bd du Général de Gaulle
  97200 Fort-de-France
  Tél. 05 96 48 41 41

973 - GUYANE
- 14, rue Lalouette
  97300 Cayenne
  Tél. 05 94 29 76 05

974 - RÉUNION
- 28, rue Augustin Archambeaud
  97448 Saint-Pierre
  Tél. 02 62 96 10 50
- 5, av. André Malraux
  97394 Sainte-Clotilde (Saint-Denis)
  Tél. 02 62 40 23 45

976 - MAYOTTE
- Tribunal de travail
  34, rue de l'hôpital
  97600 Mamoudzou
  Tél. 02 69 61 91 39

987 - POLYNÉSIE
- Tribunal de travail
  47, av. Pouvanaa a Oopa
  98713 Papeete
  Tél. (689) 41 55 00
- Tribunal de travail
  BP 38
  98735 Uturoa
- Tél. (689) 60 05 60
  Tribunal de travail
  BP 47
  98742 Nuku-Hiva
  Tél. (689) 92 03 25

986 - WALLIS ET FUTUNA
- Tribunal de travail
  BP 12

Adresses des sièges des principales confédérations syndicales

- CFDT
  4, bd de la Villette
  75955 Paris Cedex 19
  Tél. : 01 42 03 80 00
  www.cfdt.fr
- CFTC
  13, rue des Écluses-Saint-Martin
  75010 Paris
  Tél. : 01 44 52 49 00
  www.cftc.fr
- CFE-CGC
  59-63, rue du Rocher
  75008 Paris
  Tél. : 01 55 30 12 12
  www.cfecgc.org
- CGT
  263, rue de Paris
  93516 Montreuil Cedex
  Tél. : 01 48 18 80 00
  www.cgt.fr
- CGT-FO
  141, av. du Maine
  75680 Paris Cedex 14
  Tél. : 01 40 52 82 00
  www.force-ouvriere.fr
- UNSA
  21, rue Jules-Ferry
  93177 Bagnolet Cedex
  Tél. 01 48 18 88 00
  www.unsa.org
- SOLIDAIRES
  144, bd de la Villette
  75019 Paris
  Tél. 01 58 39 30 20
  www.solidaires.org
- MEDEF
  55, av. Bosquet
  75330 Paris Cedex 07
  Tél. : 01 53 59 19 19
  www.medef.fr

Index alphabétique

CHEZ LE MÊME ÉDITEUR

LES CODES POUR TOUS

- Code civil
- Code pénal
- Code du travail

LES GUIDES PRATIQUES POUR TOUS

Famille

- Adoption : le guide pratique
- Divorce : le guide pratique
- Famille, connaître et défendre vos droits
- PACS : le guide pratique
- Handicap : le guide pratique
- Successions : le guide pratique
- Tutelle, curatelle : le guide pratique

Logement

- Acheter son logement
- La copropriété de A à Z
- Propriétaires-Locataires : qui paie quoi ?
- Servitudes et mitoyenneté : le guide pratique
- Travaux et rénovation : le guide pratique
- Troubles de voisinage : quels sont vos droits ?

Travail

- Associations : le guide pratique
- Chômage : tous vos droits
- Créer son entreprise : le guide pratique
- Harcèlement moral , comment s'en sortir ?
- Indépendant et auto-entrepreneur : le guide pratique
- Licenciement : tous vos droits
- Prud'hommes, se défendre et gagner

- Salarié, connaître et défendre vos droits
- Transmettre ou reprendre une entreprise

Retraite

- Préparer et bien vivre sa retraite

Argent

- Assurance-vie : le guide pratique
- Bourse : le guide de l'investisseur
- Donations : le guide pratique
- Épargne, retraite : le guide pratique
- Immobilier, comment investir ?
- Impôts : payer moins, c'est possible !

Droits et démarches

- Agir en justice
- Le guide de toutes les formalités

HORS COLLECTION

- La bible du propriétaire
- Le guide du CV et de la lettre de motivation
- Plus de 1 000 modèles de lettres et de contrats
- Tous vos droits pour gagner, vous défendre, réussir
- Votre argent : tout savoir pour mieux le gérer et le faire fructifier

Achevé d'imprimer
en août 2011
par L.E.G.O. S.p.A.
Lavis (TN), Italie